透过财报
看管理

汤婧平◎著

广东旅游出版社
GUANGDONG TRAVEL & TOURISM PRESS

悦读书·悦旅行·悦享人生

中国·广州

图书在版编目（CIP）数据

透过财报看管理 / 汤婧平著 . -- 广州：广东旅游
出版社，2023.3

ISBN 978-7-5570-2927-2

Ⅰ . ①透… Ⅱ . ①汤… Ⅲ . ①会计报表—会计分析
Ⅳ . ① F231.5

中国版本图书馆 CIP 数据核字（2023）第 023636 号

出 版 人：刘志松
责任编辑：张晶晶　何江琳
责任校对：李瑞苑
责任技编：冼志良

透过财报看管理
TOUGUO CAIBAO KAN GUANLI

广东旅游出版社出版发行
（广州市荔湾区沙面北街 71 号　邮编：510130）
印刷：北京晨旭印刷厂
（北京市密云区西田各庄镇西田各庄村北京晨旭印刷厂）
联系电话：020-87347732　　邮编：510130
787 毫米 ×1092 毫米　16 开　13.5 印张　127 千字
2023 年 3 月第 1 版　2023 年 3 月第 1 次印刷
定价：58.00 元

chapter **3** 从三大财务指标看企业盈利能力
——你能持续赚钱吗

如果一家企业没有盈利能力，那么早晚有一天会死掉。作为企业的管理者，要时刻关注报表中的盈利指标，通过分析盈利指标来不断提高企业的盈利能力。

chapter **4** 从短期偿债指标看风险抵御能力
——你远离破产危机了吗

在市场经济时代，企业破产的悲剧无时无刻不在上演，我们随便看看那些被申请破产还债的企业名单，就会知道现实有多么残酷。所以，企业想活得长久一些，就必须及时偿还到期债务。而要想及时偿还债务，首先就要提高自身的短期偿债能力。

chapter **5** 从长期负债指标看企业资本结构
——你用好借来的钱了吗

阿基米德曾经说过："给我一个支点，我能撬动地球。"太极拳也有"四两拨千斤"的说法。两者都是在讲借力。如果从企业的角度来讲，就是要学会用别人的资金赚钱。长期负债就是所谓的"支点""四两"，可如果你不懂得如何去"撬"，也不知道怎么去"拨"，长期负债就会变成一座大山，毫不留情地把企业压倒。

chapter **6**　**从运营效率看资产创造价值的能力**
　　　——你的资产"跑"得够快吗

　　　商场是一个没有硝烟的战场，如果企业想活得更好，就必须比自己的竞争对手跑得更快。资产是企业在商场上快速奔跑的工具，只有资产有效地运转起来，企业才能长久地生存下去。

chapter **7**　**从价值评估看企业的身价**
　　　——你的家底值多少

　　　很多时候我们都用价格来衡量价值，其实，价格没法衡量价值，价格只能从经济层面体现价值而已。价格有的时候会高于价值，有的时候会低于价值。但正因为有高有低，才给投资和并购提供了利润空间和交易动机。

chapter **8**　**从杜邦分析法看管理问题的根源**
　　　——你找准问题了吗

　　　千里之堤，溃于蚁穴。任何企业的倒闭都不是一天两天的事，都是由长期存在的管理问题导致的。所以，我们需要为企业做定期的检查，一个指标一个指标地去分析，直到找到管理的"病根"为止。

chapter **1**

从财务报表看管理的秘密
——你真的会看财报吗

报表是企业运营状况的晴雨表，管理者都要学会看报表。看报表不是只看枯燥的数据，还要看数据背后的来由。

▦ 报表是管理结果的反映

如果你能深入地了解一家企业的报表，那么你就一定能深入了解这家企业的经营管理状况，因为报表是管理结果的一种反映。

无论什么样的企业，其经营管理状况都可以通过报表反映出来。就像一个人的内心活动，可以通过他的眼神、面部表情、肢体语言表现出来一样。

报表分析最常使用的工具是财务指标，其实，指标本身没有问题，指标所反映的管理状况才有问题。

很多成功的企业家有空的时候，会看看其他上市企业的财务报表。等到买股票时，这些企业家不是凭内部消息，也不是凭直觉，更不是靠运气，而是通过分析企业的财务报表来决定买进哪只股票。

所以，我们看企业、看报表时，不要只看表面现象，而要看到其背后的深层次情况。

我们现在要做的是，反过来看看自己的人生经历，看看自己的经营经历，看看我们都做了什么，正确的决策给我们带来哪些辉煌，错误的决策给我们带来哪些坎坷。

每天的报表、每月的报表，都忠实记录了企业和管理者曾经走过的路。管理者要时不时地回头去分析这些过程，借鉴成功的经验，吸取失败的教训，让企业越走越好。

▓ 理清三大报表的逻辑关系

管理者都要学会看报表，只有这样，才能更加了解企业的经营管理状况。

看报表不只是看数据，而且要透过数据看企业的经营管理状况。报表上的数据都是以业务活动为支撑的，我们要通过数据来分析哪个环节的工作没有做好，哪个环节的工作存在漏洞。

有些上市企业为了吸引更多的人来买企业的股票，就伪造数据，做假报表。这种方法不可取，因为能骗得了一时，骗不了一世。企业有了好的经营业绩，才会有漂亮的报表。

报表是企业经营管理状况的反映，报表中的财务指标对应着企业经营管理的各个方面。

资产负债表主要反映企业资产结构问题。一栋大楼，只有结构合理，比例不失调，才能屹立不倒。企业也是如此，只有资产结构合理，才能规避风险，获取利润。

利润表主要反映企业的盈利状况。企业是以盈利为目的的组织，如果不盈利就没法生存下去。可以说，利润表反映的是企业的生存能力。

现金流是企业生存的基础，是企业的阳光、空气和水。企业如果没有现金流作为支撑，一天也活不下去。因此可以这样说，现金流量表反映的是企业的生命力，现金流量状况越好，企业的生命力越旺盛。

为什么资产等于负债加所有者权益

有些人觉得报表很复杂、很枯燥，怎么也看不懂，其实报表很简单，资产负债表反映的就是资产、负债及所有者权益之间的关系。

资产负债表的左边是资产，右边是负债和所有者权益，资产负债表的基本公式如下：

资产 = 负债 + 所有者权益

为什么资产等于负债与所有者权益之和呢？

因为企业的所有资产都是由股东或者债权人投入的。如果企业没有负债，那么资产就是所有者权益，也就是说，股东投给企业的所有资金或实物，最后都变成了企业的资产。

资产不是固定不变的，而是随着企业的变化而变化。企业刚成立的时候，可能所有的资产都是资金。例如企业注册资本是1亿元，是由股东投资的，那么企业的资产负债表就是这样的结构：资产总额1亿元，负债0元，所有者权益1亿元。其中资产的表现形式是货币资金，就是存在银行里的钱。

随着企业的逐步经营，企业会把资产变成生产经营需要的原材料、辅助材料、产成品、生产经营用的设备和工具。企业也会为了经营，而赊欠别人的货款等。

为了方便对经营内容进行管理，企业财务核算的时候要对这些经济活动进行归类，如分成货币资金、存货、固定资产、应收账款、应付账款等。其实，这些内容是企业经营活动的一种反映。

上课时，我经常对我的学生这样说：其实看资产负债表与看楼房是一样的。看楼房的时候，先看楼房的结构，然后看大楼里有多少个房间，最后看每个房间的功能、布局和摆设。资产负债表中，货币资金、存货、固定资产、应收账款、应付账款、短期借款、所有者权益等科目就相当于楼房里面的小房间。

想读懂报表，只要了解报表中每个科目核算的内容就可以了。再复杂一点的分析就是要清楚每个科目之间的关系。

利润为什么今天多，明天少

任何一个管理者，对利润都有着极高的敏感度。有些总经理会对财务人员核算的利润持怀疑态度，总觉得他们做的账不对。其实，很多时候不是账做得不对，而是核算方法不同。

利润的基本公式如下：

利润 = 全部收入 - 全部成本费用及税金

这里的全部收入是什么收入？总经理认为的收入与财务人员认为的收入是否一致？这里的全部成本费用及税金又是怎么算出来的？总经理和财务人员对此的认识是否一致？

利润是在固定的核算方法下计算出来的，如果核算方法不同，利润值也就不同。有些人通过调整核算方法来调节利润，有些人通过调整核算内容来调节利润，所以才会出现利润今天多、明天少的情况。

想读懂利润表，要先弄清楚利润的核算方法，方法对了，利润就真实了。

利润为什么不等于现金

有些管理者总是想不明白，为什么报表上有利润，账上却没钱。有些管理者还对财务人员持怀疑态度，怀疑点有两个：一是利润算得不准，二是钱让财务人员转移到别处了。

有疑惑是正常的，因为管理者和财务人员对利润的理解是不同的。在不考虑舞弊的前提下，我们需要弄清楚的是，利润为什么不等于现金。

现金流量表的编制采用的是首付实现制。凡是收到的钱，不管是什么钱，都计入现金流入；凡是支付的钱，不管是什么钱，都计入现金流出。

现金流量表的编制过程如下：首先，财务人员会根据现金流入和现金流出的情况，计算出现金流的净额。其次，详细划分出企业不同的现金流类型，比如经营活动的现金流入与流出、投资活动的现金流入与流出、筹资活动的现金流入与流出等。这样编制的过程就能反映出企业的现金进来多少、出去多少，以及还剩下多少。

利润表的编制基础是权责发生制。所谓权责发生制，就是从权利和责任发生的时候就开始确认收入，而不管是否收到或支付现金。例如，企业卖出一批商品，货款虽然还没收回来，但需要计入收入，现金流量表上看不到这笔钱。再如，企业收回了前期的应收账款，利润表上以前反映过这部分收入了，收回的时候就不再计入收入，但在现金流量表上能够反映出来。正是因为利润表和现金流量表的编制基础不同，才导致企业利润不等于现金流。

有人说报表都是"假的"，在不考虑造假的前提下，这个"假"字的含义是，财务核算是建立在一定假设基础之上的，是在这个假设基础之上进行的记录、核算工作。

那么，企业为什么还要编制报表呢？因为管理的需要！虽然在一定的时间范围内，报表是假的，但是从长远来看，报表的确是真的。

例如，企业 12 月底有 500 万元的收入没有入账，是财务搞错了，只好放到下一年再入账。这样的话，企业当年的报表就是不准确的，但从两年的时间周期来看，所有收入都反映在了报表中，企业的报表是真实可信的。

又如，企业购买固定资产花了 2,000 万元。如果不考虑会计核算的原则，2,000 万元可作为支出，一次性入账。但根据会计核算要求，2,000 万元是资产，不能作为费用一次性入账，而要分 20 年计提折旧。这也就意味着企业的钱是一次性花的，费用要分 20 年平摊。在以后的 20 年里，虽然没有固定资产的支出，但要确认折旧的费用。所以，报表的利润是计算出来的，不同的计算方法，会出现不同的计算结果。

　　基于以上原因，企业应该执行统一的会计核算政策。如果会计核算口径不统一，核算方法不统一，各家企业的财务数据就没法进行比较。国家制定了统一的《企业会计准则》，就是为了给所有企业提供一个标准。

chapter **2**

从财务报表看利润
与价值的关系
——你能为股东创造价值吗

利润是企业生存的基础，从某种意义上讲，企业就是为了创造利润而存在的。但企业创造多少利润才能为股东创造价值呢？这是一个值得每个管理者深思的问题！

■ 有种"负债"叫承诺：拿钱是有成本的

过度承诺的事情在上市企业表现得最为明显。很多企业都想上市，因为上市后，资本会迅速膨胀，一夜暴富就有极大可能成为现实。所以，在巨大的利益诱惑之下，各种企业都忙着上市，并许诺给投资者各种好处。最终，有些企业成功做到了，但更多的企业失败了。

其实，上市只是融资的一个渠道而已。企业发展需要资金，筹集资金有两种方式：第一，向债权人借；第二，让股东投资。前者风险较大，如果你可以抵押的资本很少，债权人也不太敢借给你；后者风险不大，但如果原有的股东没有很强的资金实力，就需要加入新的股东，而新股东会看企业能给他们多高的回报率，如果回报率不高，新股东就不愿意参与进来。

随着二级股票市场的崛起，股票被当作投资和投机的工具后，在资本市场上，天使和魔鬼就同时存在了。

企业做好了，资本市场和投资者就是天使。牛根生和他的团队以出色的业绩兑现了他们对天使的承诺，于是蒙牛成功上市了，投资者和企业皆大欢喜。

企业做不好，资本市场和投资者就是魔鬼。太子奶的破产重组，让天使们都变成了魔鬼，曾经显赫一时的大企业，就这样销声匿迹了。

谁的钱都不是白拿的，兑现不了承诺，你就要为此付出惨痛的代价。尤其是上市企业，上市前是为了梦想活着，上市后是为了兑现股东的承诺活着。

分析资本成本

1. 资本成本是投资资本的机会成本

资本成本其实是一种机会成本。例如，某投资者有 1 亿元的资金，现在有三种选择：第一，放在银行的活期存款，每年获取 0.3% 左右的利息；第二，投资国债，每年获取 3% 左右的利息；第三，投资一个网络项目，项目的利润还不确定。（注：这里以 2021 年的银行利率为例，最新的利率情况请参考各银行官网。）

对于该投资者来说，假定投资网络项目的机会成本是 3%，就意味着，如果这个项目不能获取大于 3% 的收益，该投资者就不如投资风险较小且年收益为 3% 的国债。

2. 资本成本是一种失去的收益

资本成本不是实际支付的成本，而是一种失去的收益。如我们上面举的例子，投资者并没有实际支付 3% 的成本，只是资金是有限的，不可能投资所有的项目，投资了 A 项目，就不能投资 B 项目，所以说它是一种失去的收益。

3. 资本成本是企业筹资的代价

市场交易至少要有两方，企业不可能自己跟自己交易。所以投资的另一面就是筹资，你想赚钱才会向别人筹资，同样，别人借钱给你也是为了赚钱。所以，资本成本是企业筹资的代价，这种代价主要有两种形式：从债权人那里借钱，基本的回报形式是利息；从股东那里借钱，基本的回报形式是股利。

4. 资本成本是投资者要求的最低报酬率

别人为什么肯借给你钱？因为你可以为他们赚钱！这是资本市场的交易规则。你必须能满足投资者所要求的回报率，他们才愿意把钱借给你。

对于债权人来说，他们期望的报酬率会写在和企业签订的借款合同上，如果企业没法满足债权人的要求，他们就不会借钱给企业。比如，银行借款的年贷款利息率为 6%，那么 6% 就是银行要求的最低报酬率。

对于股东来说，他们期望的报酬率虽然不以合同的方式确定下来，但他们期望的回报一点都不比债权人少。

通常情况下，股东能从企业获取的利益有两种：一是股利，即企业每年的分红；二是转让股份的收入。股东一定会按照企业分红的情况和股份转让的收益来衡量自身的收益，如果收益低于他们的心理价位，那么他们第二年大概率不会继续给企业投资。

所以，资本成本是投资者要求的最低报酬率，低于他们能接受的水平，他们就不会把钱投给企业。

5. 资本来源不同，资本成本也会不同

资本来源不同，资本的成本也会不同，原因在于它们承担的风险不同。

对于债权人来说，资本风险主要在于本金和利息，如果企业能按期偿还本金和利息的话，债权人就没有什么风险。如果企业实在还不了钱，债权人还可以把企业能抵押的、变卖的资产拿来弥补损失。

股东则不同。企业盈利，股东有钱赚；企业亏损，亏的是股东的钱，申请破产的时候，卖的也是股东的家业。如果企业投资一直不能解套，股份卖不出去，每年都没有盈利，做股东还不如

做债权人。

所以，股东的资本成本比债权人的资本成本要高一些。

债权人要求的报酬率比较容易确定，企业不论办理银行贷款还是发行债券，都会事先确定利率，该利率就是投资人要求的报酬率，也就是债务的资本成本。

股东要求的报酬率不容易确定，因为股东的报酬不在合同中约定，而是根据企业预计盈利状况和股价变动情况来确定。如果能事先约定股东的报酬率，那就算是非法融资，而不是投资了。

6. 同样的资本，投资给不同的企业，需要的成本也不同

通常情况下，影响企业资本成本的因素有三种。

（1）无风险报酬率

无风险报酬率是指无风险投资所要求的报酬率。通常情况下，政府债券是无风险的，所以政府债券的利息率常被用作无风险报酬率。

（2）经营风险溢价

企业经营总是有风险的，没有企业能做到年年盈利，永不亏损。所以，投资人会针对这种经营的不确定性，要求企业给予一部分风险报酬。如果企业经营风险比较高，那么投资人要求的报酬就高些；如果企业经营风险比较低，那么投资人要求的报酬就低些。

（3）财务风险溢价

企业的财务风险主要体现在较高的资产负债率上。如果企业的资本是 10 亿元，但 7 亿元都是负债，那么企业的财务风险就比较高。一旦企业经营不善，到期不能偿还债务人的本金和利息，企业会随时面临破产的危险。

所以，企业的财务风险溢价越大，投资该企业的风险也就越高，投资人要求的报酬率自然就会越高。

在资本市场上，有这样一个规律：

高回报一定伴随着高风险，但高风险不见得有高回报。

所以，企业在融资的时候，一定要清楚自身的经营风险和财务风险，不能为了拿钱就承诺太多。投资人不是傻瓜，他们算得很清楚，你如果不能兑现承诺，他们绝对不会再给企业投钱。投资者不能只看蒙牛对赌赢了，还要看看太子奶对赌是怎么输的。

资本成本的计算

资本成本主要有以下几种：股权资本成本、债权资本成本、加权平均资本成本。

1. 股权资本成本

股权资本成本的确定方法有三种：资本资产定价模型、股利增长模型、债券收益加风险溢价法。

（1）资本资产定价模型

在资本资产定价模型下，股权资本成本等于无风险报酬率加上风险溢价。其公式表述如下：

$$K_S = R_F + \beta \times (R_M - R_F)$$

式中：

K_S——普通股成本。

R_F——无风险报酬率，通常情况下为当年国债的利息率。

β——该股票的系数（β 系数反映的是该股票跟市场平均风险之间的倍数关系：当 $\beta = 1$ 的时候，该股票的风险和市场所有股票的平均风险相同；当 $\beta = 2$ 的时候，该股票的风险是市场所有股票风险的 2 倍。该企业的 β 系数越高，其风险也就越大）。

R_M——平均风险股票报酬率。

（$R_M - R_F$）——权益市场风险溢价。

$\beta \times$（$R_M - R_F$）——该股票的风险溢价。

例如，市场无风险报酬率为 10%，平均风险股票报酬率为 15%，某企业普通股 β 值为 2。

则，该企业普通股成本为：10% + 2 ×（15% - 10%）= 20%。

权益市场风险溢价，是指平均风险报酬率高于无风险报酬的部分，如上例中的条件所示，权益市场风险溢价为 5%。

该股票的风险溢价是指该股票的风险价格，权益市场风险溢价为 5%，该企业的 β 值为 2，该股票的风险溢价 = 2 × 5% = 10%。风险越大，β 值越大，企业股票的风险溢价越大。

资本资产定价模型主要用于上市企业普通股成本的计算。

企业如果要投资其他项目，必须正确衡量被投资项目的风险，尽量将投资风险降到最低。

（2）股利增长模型

股利增长模型，是一种依照股票投资的收益率不断上升的思路来计算权益资本成本的方法，通常假定投资收益以固定的增长率逐年递增。其公式表示如下：

$$K_S = \frac{D_1}{P_0} + g$$

式中：

K_S——普通股成本。

D_1——预计下一年的股利额。

P_0——普通股当前市价。

g——普通股利年增长率。

例如，企业当前的股价为 20 元，预计一年后的股利为 2 元，股利的年增长率为 8%。

则，普通股成本为：2÷20 + 8% = 18%。

股利增长模型假设企业的股利每年都能按照相同的增长率增

长，这也就要求企业基本的增长率不能低于国家宏观经济的增长率。否则，你的企业就会被很多企业甩在后面。

在确定企业年增长率这个指标的时候，中小企业可以先采取预计的实际增长率，待企业进入稳定期后，再采取可持续增长率。可持续增长率是什么呢？即在不改变企业的经营效率和财务政策的情况下，企业所能实现的增长率。

上市企业最大的压力来源于业绩，年年都要保持一定的增长率对大多数企业来说很难。所以有些企业就开始造假，结果不仅把企业造没了，而且把自己也造进去了，实在是得不偿失。

（3）债券收益加风险溢价法

投资风险越大，投资者要求的报酬率越高。普通股股东的投资风险大于债权人的投资风险，所以，股东要求的收益是债券成本与风险溢价之和。

债券收益加风险溢价法的公式表述如下：

$$K_S = K_{dt} + RP_c$$

式中：

K_S——普通股成本。

K_{dt}——税后债务成本。

RP_c——股东比债权人承担更大风险所要求的风险溢价。

例如，企业债券成本税前为 8%，企业所得税税率为 25%，某企业的股票相对于该债券的风险溢价为 4%。

则，该企业的股权成本为：8% ×（1 − 25%）+ 4% = 10%。

风险溢价的多少是凭以往经验估计出来的。一般认为，一家企业普通股的风险价格与企业债券风险价格的差异，大约在 3% ~ 5% 之间。风险较高的股票用 5%，风险较低的股票用 3%。

需要注意的是，债券的利息能在企业所得税前扣除，所以，债券的实际成本应为税后成本。

2. 债权资本成本

企业通常在取得债务资金的时候，已经在合同中约定好了债务成本。企业负有到期偿还本金和利息的义务。

（1）银行借款成本

如果企业是从银行取得的借款，那么到期必须支付本金和利息，利息率即企业债券的税前成本，利息率 ×（1 − 所得税税率）为税后成本。

如果企业从银行取得的借款中，有部分必须保留在银行，那么企业的税前债券成本肯定会高于利息率。

例如，企业从银行取得了 1,000 万元的 3 年期借款，利息率为 6%，但银行要求必须有 5% 的余额留下来。另外，企业的所得税税率为 25%。

实际税前利息率 =（1,000 × 6%）÷［1,000 ×（1 − 5%)］≈6.32%

税后的利息（债权资本成本）= 6.32% ×（1 − 25%）= 4.74%

如果企业从银行取得的借款要等额偿还本金和利息，那么，实际的税前成本为利息率的一倍。因为，企业在借款的使用年度内，只用了一半的资金，却支付了全额的利息。所以，企业要根据取得借款的实际情况计算相关的资本成本。

（2）发行债券成本

发行债券成本的计算方法有以下五种。

第一，到期收益率法。

企业如果当前有发行的长期债券，那么可以使用到期收益率法计算债券的税前成本。

计算公式如下：

$$P_0 = \sum_{t=1}^{n} \frac{利息}{(1 + k_d)^t} + \frac{本金}{(1 + k_d)^n}$$

式中：

P_0——债券的市价。

k_d——到期收益率，即税前债务成本。

n——债务的期限，通常以年为单位。

这种方法的理论依据是，企业债券目前的市场价值等于其未来现金流入的现值，对应的折现率即债券的到期收益率。

对于债券来说，未来现金流入有两种类型：一是本金，二是利息。

第二，对照法。

如果某家企业没有发行债券，就需要找一家可比企业作为参照，用可比企业长期债券的收益率作为该家企业的长期债务成本。

当然，可比企业必须同该企业是同一行业，且规模和商业模式基本相同。比如，不能用房地产企业债券的到期收益率，作为钢铁行业的长期债务成本。

就像我们买房子时，一般会先看地区，再看地段，最后看格局。如果房子没有明确的标价，就可以参照同地段、同楼层、同格局的房屋价格，进行比较。

第三，风险调整法。

如果上述的两种方法都不能用来计算企业的债务成本，那么企业就需要使用风险调整法来估计出债务成本。

$$税前债务成本 = 政府债券的市场回报率 + 企业的信用风险补偿率$$

例如，政府债券的市场回报率为4%，企业的信用风险补偿率为5%。

则，企业的税前债务成本为9%。

第四，财务比率法。

如果上述三种方法都没办法使用，企业还可以尝试用财务比率法来估计债务成本。

其实，该方法是风险调整法的延伸。企业需要知道目标企业的一些关键财务比率，并根据这些比率来判断企业的信用级别，确定企业信用级别后，再利用风险调整法确定出债务成本。

第五，税后债务成本法。

税后债务成本法的公式如下：

税后债务成本 = 税前债务成本 ×（1 - 企业所得税税率）

计算企业债务成本的时候，必须使用税后的成本，因为债务资金的成本是可以在企业所得税前扣除的。

例如，企业银行借款的利率是 10%，企业所得税税率是 25%，那么银行借款的税后成本就是：10% ×（1 - 25%）= 7.5%。相当于国家为企业减免了 2.5% 的税。

3. 加权平均资本成本

（1）加权平均资本成本的计算

企业资本的来源有很多种，前面我们计算的是单项资本成本，下面需要考虑的是企业的加权平均资本成本。

加权平均资本成本的计算公式如下：

$$WACC = \sum_{j=1}^{n} k_j w_j$$

式中：

WACC——加权平均资本成本。

k_j——第 j 种个别资本成本。

w_j——第 j 种个别资本占全部资本的比重（权数）。

n——表示不同种类的筹资。

例如，企业的 10,000 万元资本有三种来源：第一种为银行借款 1,000 万元，资本成本为 5%；第二种为企业债券 3,000 万元，资本成本为 6%；第三种为股权资本 6,000 万元，资本成本为 10%。

那么，借款所占的比重为 10%，债券所占的比重为 30%，权益资金所占的比重为 60%。

企业的加权平均资本为：10% × 5% + 30% × 6% + 60% × 10% = 8.3%。

需要说明的是，计算企业加权平均资本成本，首先要确定单项资本的成本，其次要确定各种资本占总资本的比重，最后求加权平均值。

（2）各项资本权重的确定方式

各项资本权重的确定方式有三种。

第一，按照各项资本的账面数值计算。

资产负债表上各项资本的账面数值，根据各项资本的账面数值占总资本的比重来计算各目的权数。

第二，根据各项资本实际市场价值计算。

例如，企业负债的账面价值是 1,000 万元，但市场价值为 900 万元，则应按照 900 万元来计算。企业的权益账面价值是 5,000 万元，但市场价值为 6,000 万元，则应按照 6,000 万元来计算。通过上面的数据，我们可以得出以下计算：

$$企业的市场总价值 = 900 + 6,000 = 6,900（万元）$$

$$负债所占的比重 = 900 \div 6,900 \approx 13.04\%$$

$$权益所占的比重 = 6,000 \div 6,900 \approx 86.96\%$$

第三，按照目标资本结构计算。

按照目标资本结构计算是目前很多企业采用的方式，首先按照目标市场价值的方式计算每种资本的比重，然后再与企业的目标资本结构进行比较。其中，目标资本结构代表的是企业对资本结构的一种预期。

对于企业来说，拿钱有拿钱的成本，世界上没有免费的午餐。所以，企业在拿钱的时候，一定要考虑到自身的偿还能力，可别钱没赚着，连本也赔了。

■ 有利润不代表有价值：让股东看到实实在在的钱

一个能创造价值的企业，一定能赚取很高的利润。反过来说，一个不能赚取利润的企业，一定不能创造价值。

但价值不是会计利润，会计利润是按照会计准则计算出来的，它从某种程度上说并不能真实反映企业的实际价值。

例如，企业 10 年前购买了一块土地，成本是 200 万元。10年后的今天，这块土地已经增值到 5,000 万元。但是在会计的眼里，这块土地增值的 4,800 万元不能算是利润，自然也无法从核算的角度确认这块土地的价值。

作为管理者，必须了解利润和价值的相关知识，才能更好地为股东创造价值。

经济收入与会计收入

经济收入是指期末和期初同样富有的前提下，一定期间的最大花费。这里的收入是按财产法计量的，如果没有任何花费，那么期末财产的市值超过期初财产市值的部分就是本期收入。

本期收入 = 期末财产 − 期初财产

比如，你年初的资产为 500 万元，年末资产升值为 600 万元，本年收入 15 万元。在会计学家的眼里，你今年的收入只有 15 万元。但在经济学家的眼里，你今年的收入是 115 万元，因为你的资产增值了 100 万元。

经济成本与会计成本

经济成本不仅包括会计上实际支付的成本，还包括没有实际支付的机会成本。

比如，企业发生的生产成本、管理费用、销售费用、财务费用等，在会计学家的眼里都可以算是成本。但是没有支付给股东的股利，肯定不是成本。而在经济学家的眼里，没有支付给股东的股利也可以算是成本。

经济利润

经济利润的计量方式有市场增加值和经济增加值两种。

1. 市场增加值

（1）市场增加值的定义

市场增加值就是企业总市值和总资本之间的差额。其公式表述如下：

$$市场增加值 = 总市值 - 总资本$$

例如，企业的总市值为 20 亿元。在总资本中，债务资本为 3 亿元，股权资本为 15 亿元。

则，市场增加值为：20 - 3 - 15 = 2（亿元）。

在计算市场增加值时，还需要注意以下几点：

总市值包括了债权价值和股权价值。

总资本是投资者投入的全部资本，既包括了债权人的投入，也包括了股权人的投入。

企业成立以来的累计市场增加值 = 企业当前的总市值 - 当前投入资本的价值。

企业某一年的市场增加值 = 本年末累计市场增加值 - 上年末累计市场增加值。

（2）市场增加值的优点

市场增加值的优点主要有以下三个：

第一，市场增加值能评价企业创造财富的能力。从企业市值与投入资本的比较中，我们一眼就可以看出来企业这方面的能力如何。

第二，能反映企业所面临的风险大小。即企业的市场增加值在降低，风险则在增加；市场增加值在增加，风险则在降低。

第三，市场增加值也可以等价于市场对一家企业净现值的估计值。

（3）市场增加值的局限性

市场增加值的局限性主要有以下三个：

第一，股票市场不能完全反映企业的真实价值。因为股价会经常变动，且影响其变动的因素很多，不能完全一概而论。

第二，股价在短期内如果变动不大，企业的市场增加值就会很小，不能准确反映企业的真正实力。

第三，这种方法只适合上市企业使用，且只能计算上市企业的整体经济增加值，而不能对企业内某个部门的业绩进行考核。

2.经济增加值

（1）经济增加值的定义

经济增加值是指企业收入扣除所有成本（包括股东权益成本）后的剩余收益，等于息前税后经营利润减去债务成本与股权成本，其公式表示如下：

$$经济增加值 = 税后经营利润 - 全部资本费用$$
$$= 期初投资资本 \times (期初投资资本回报率 - 加权平均资本成本)$$

例如，企业的税后经营利润为 5,000 万元，债务成本为 1,000 万元，股权成本为 3,000 万元。

则，企业的经济增加值为：5,000 - 1,000 - 3,000 = 1,000（万元）。

再如，企业期初的投资资本为 10,000 万元，期初投资资本回报率为 15%，加权平均资本成本为 10%。

则，企业的经济增加值为：10,000 ×（15% − 10%）= 500（万元）。

这里需要说明的是：

第一，如果经济增加值为正值，说明企业为股东创造了价值和财富。

第二，如果经济增加值为负值，说明企业正在消耗股东的资本，俗称"吃老本"。

第三，如果经济增加值为零，说明企业获取的利润刚好可以支付其筹资的成本。

（2）经济增加值的优点

经济增加值的优点主要有以下两个：

经济增加值能直接反映出企业为股东创造财富的能力。

经济增加值既可以作为业绩评价指标，也可以作为全面预算和薪酬激励的标准。

对于投资人来说，一定要选择经济增加值较高的企业进行投资。从股票分析的角度来讲，经济增加值高的企业，可以算是业绩比较好的企业，也是值得长期投资的企业。

（3）经济增加值的局限性

经济增加值的局限性主要有以下四个：

第一，经济增加值还没有成为主流的业绩评价方法。

第二，经济增加值不能用于不同规模企业之间的比较。因为它是一个绝对值，所以企业规模不同，经济增加值自然也会不同。

第三，企业在不同阶段，经济增加值可能不同。例如，企业在发展阶段，经济增加值一定会比较低，但是企业有潜力的话，这时就值得投资；企业在衰退阶段，经济增加值可能会很高，但是因为看不到未来的发展希望，所以不值得继续投资。

第四，在计算经济增加值时，企业可能会涉及很多需要调整的具体事项。企业应该如何调整，目前说法很多，且很难统一。如果企业对此不确定，可以在计算前找相关专家进行咨询。

正如《财富》杂志所说："经济增加值使完成价值创造从单纯的口号向有力的管理工具的转换有了指望，这一工具也许最终将使现代财务走出课堂，进入董事会会议室。"

对于一家企业来说，利润是必须有的，但价值也是不能忽视的。当管理者的眼睛只盯着利润的时候，往往就会忽略了价值。但反过来说，如果管理者一直紧盯着价值，就绝对不会忽视利润。

下面，让我们一起来分析一下，A、B这两家公司谁在为股东创造价值。

A、B 两家公司谁在为股东创造价值

在这里，我们需要先假设 A、B 两家为同类型的公司，然后对它们进行如下对比：

1. 资本分析

A、B 两家公司截至 2021 年 10 月 31 日的资本情况，如表 2-1 所示。

表 2-1　A 公司与 B 公司资本情况比较表

简称	总股本（亿股）	总资产（亿元）	主营业务收入（亿元）
A 公司	3.04	13.28	14.22
B 公司	1.82	1.41	1.63

报表分析

从表 2-1 可知，B 公司无论是总资产还是主营业务收入都与 A 公司相差甚远：A 公司的总股本数比 B 公司的多了 1.22 亿股，总资产比 B 公司的多了 11.87 亿元，主营业务收入比 B 公司的多了 12.59 亿元。

2. 资本结构和会计利润的分析

A 公司和 B 公司的 2018—2021 年的利润情况（注：2021 年

的数据截至 10 月 31 日），如表 2-2、表 2-3 所示。

表 2-2　A 公司的利润分析表

	2021 年	2020 年	2019 年	2018 年
净利润（万元）	14,991.32	13,869.20	10,984.12	8,730.32
净利润增长率	91.44%	26.27%	25.82%	26.81%
净资产收益率	20.88%	21.54%	18.89%	15.94%
资产负债比率	44.49%	40.54%	40.58%	45.12%

表 2-3　B 公司的利润分析表

	2021 年	2020 年	2019 年	2018 年
净利润（万元）	−2,224.72	−1,290.51	1,263.02	4,369.02
净利润增长率	−516.60%	−202.18%	−71.09%	28.22%
净资产收益率	−7.48%	−4.03%	−3.80%	13.65%
资产负债比率	46.59%	41.39%	27.98%	21.57%

报表分析

（1）净利润增长率比较

2018—2021 年，A 公司的净利润增长率从总体看处于较好的增长态势，但 B 公司的净利润增长率却一路下滑。

（2）净资产收益率比较

净资产收益率 = 净利润 ÷ 净资产。因为 A 公司与

B 公司的资产规模不同，所以直接比较它们的利润值不可取。但净资产收益率是一个比例指标，反映的是企业每 1 元净资产的可获取利润的水平，可以用于比较不同规模企业的资产收益状况。

A 公司净资产收益率在 2018 年为 15.94%，2021 年 10 月 31 日达到 20.88%，这意味着 A 公司 100 元的净资产在 2021 年 10 月可以获取 20.88 元的净利润，这个比例算是比较高的。

B 公司在 2018 年的净资产收益率为 13.65%，到了 2021 年 10 月 31 日，其净资产收益率是 –7.48%，这意味着该企业的净资产已经没有什么获取利润的能力了。

（3）资本结构比较

资产负债比率 = 负债总额 ÷ 资产总额。资产负债比率能够反映出企业的资本结构是否合理。

A 公司的资本结构相对比较稳定，资产负债比率最低为 40.54%，最高为 45.12%。这表明 A 公司的财务风险一直可以保持在同一水平线附近。

B 公司的资产负债比率 2018 年最低，为 21.57%，到了 2021 年 10 月 31 日达到了 46.59%，这表明 B 公司的财务风险在逐年增加。而且在财务风险增加的同时，B公司的利润却在下降。如果这是一家生产型的企业的话，遇到这种资本结构就会是一件非常可怕的事情了。

3. 分析创造价值的能力，即经济利润指标

A公司和B公司的经济利润指标的情况，如表2-4、表2-5所示。

表2-4 A公司的经济利润指标分析表

单位：万元

	2021年	2020年	2019年	2018年
财务费用	−262.41	−125.10	756.67	1,235.20
税后财务费用	−196.81	−93.83	567.51	926.40
净利润＋税后财务费用	14,794.51	13,775.37	11,551.63	9,656.72
股东权益	71,790.05	64,402.17	58,136.41	54,755.72
股权成本费用10%	7,179.01	6,440.22	5,813.64	5,475.57
经济利润	7,877.92	7,460.25	4,981.32	2,945.95
股权成本费用15%	10,768.51	9,660.33	8,720.46	8,213.36
经济利润	4,288.41	4,240.14	2,074.50	208.16

表 2-5　B 公司的经济利润指标分析表

单位：万元

	2021 年	2020 年	2019 年	2018 年
财务费用	709.57	724.08	473.19	447.22
税后财务费用	532.18	543.06	354.90	335.42
净利润 + 税后财务费用	−1,692.54	−747.45	1,617.92	4,704.44
股东权益	29,736.75	32,009.63	33,274.23	32,011.21
股权成本费用 10%	2,973.68	3,200.96	3,327.42	3,201.12
经济利润	−5,375.79	−4,672.49	−2,182.69	1,056.10
股权成本费用 15%	4,460.51	4,801.44	4,991.13	4,801.68
经济利润	−6,862.62	−6,272.97	−3,846.40	−544.46

报表分析

（1）经济利润的计算公式

经济利润 = 税后经营利润 − 全部资本费用

= （净利润 + 税后利息费用）− 全部资本费用

经济利润的主要作用是衡量企业为股东创造价值的能力。当经济利润为正值时，表明企业在满足投资者需求的利润后，还有剩余的利润，剩余的利润即企业为股东创造的价值。

当经济利润为负值时，表明企业不能满足投资者要求的利润，企业在消耗股东的资源，却没有为股东创造价值。

当资本费用发生变动的时候，经济利润也会发生变动。所以，在企业净利润与税后财务费用不变的情况下，股权成本越高，则经济利润越低。

（2）当股权成本费用为 10% 时

A 公司 2018 年的经济利润为 2,945.95 万元，2019 年的经济利润为 4,981.32 万元，2020 年的经济利润为 7,460.25 万元，截止到 2021 年 10 月 31 日经济利润为 7,877.92 万元，呈现出逐年上升的趋势。

B 公司 2018 年的经济利润为 1,056.10 万元，2019 年的经济利润为 –2,182.69 万元，2020 年的经济利润为 –4,672.49 万元，截止到 2021 年 10 月 31 日经济利润为 –5,375.79 万元，呈现出逐年下降的趋势。

从以上这些数据来看，假设股东期望的回报率为 10%，那么 A 公司一直在为股东创造价值，而 B 公司只有 2018 年为股东创造了价值，目前已经在消耗企业原有的资本了。

（3）当股权成本费用为 15% 时

A 公司 2018 年的经济利润为 208.16 万元，2019 年的经济利润为 2,074.50 万元，2020 年的经济利润为 4,240.14 万元，截止到 2021 年 10 月 31 日经济利润为

4,288.41 万元，呈现出逐年上升的趋势。

B 公司 2018 年的经济利润为 −544.46 万元，2019 年的经济利润为 −3,846.40 万元，2020 年的经济利润为 −6,272.97 万元，截止到 2021 年 10 月 31 日经济利润为 −6,862.62 万元，呈现出逐年下降的趋势。

从以上这些数据来看，假设股东期望的回报率为 15%，那么 A 公司一直在为股东创造价值，而 B 公司从 2018 年到 2021 年 10 月 31 日都没有为股东创造任何价值，一直在消耗企业的资本。

一家好的企业，一定是既能制造利润也能创造价值的企业。如果管理者单纯地只关注利润，往往就会忽略企业创造价值的能力。

报表中的管理问题——利润与价值

1. 利润

如果你关注的是利润，那么你会得到利润，至于得到多少，就要看你关注的力度有多大。

佛家讲，财富是财布施的结果，智慧是法布施的结果，健康是无畏布施的结果。如果你想得到果，那你就要修因，没因哪来的果呢？

其实，这个因果的道理在企业管理上也通用。

怎么讲？布施是种奉献和服务，你的企业能服务多少人，能为社会作出多大的贡献，将决定你能赚多少钱！

所以，企业赚钱的"因"是企业能为客户带来什么。

2. 价值

如果你关注的是价值，那么你也会得到价值，因为关注是因，努力是缘，得到是果。

在企业管理中，利润和价值是没有办法画等号的，因为它们的衡量和计算方法完全不同。但它们却有着密不可分的联系，即利润是有价值的经济基础，尤其是对企业而言。

一家没有利润的企业是没法生存下去的，除非是不以营利为目的的社会机构，所以，很多人讲，"商人言利，天经地义"。

3. 如何增加利润，提升价值

企业如何才能增加利润，提高价值呢？

考核！

管理其实是种要求，你要求企业往哪个方向发展，企业才会朝哪个方向发展。

管理者必须学会要求和考核，这样才会增加企业的利润，提升企业创造价值的能力。

chapter **3**

从三大财务指标
看企业盈利能力
——你能持续赚钱吗

如果一家企业没有盈利能力，那么早晚有一天会死掉。作为企业的管理者，要时刻关注报表中的盈利指标，通过分析盈利指标来不断提高企业的盈利能力。

■ 利润表的编制：加加减减出利润

对于企业来说，盈利是第一目的，企业如果不盈利，根本就没有办法生存下去，更没办法履行自身的社会职能。

试想一下，企业如果一点盈利都没有，拿什么养活员工，拿什么搞福利，又拿什么缴税呢？

所以，我们要鼓励企业盈利，要支持企业盈利，更要想办法让企业盈利。当然，企业盈利一定要利用合理、合法的方式。

什么是利润

因为本书是围绕报表中的财务指标来讲的，所以，我们所说的利润也是从会计学的角度来确认的。

根据《企业会计准则》(2018年修订版本),该准则对利润是这样定义的:

利润是指企业在一定会计期间的经营成果。利润包括收入减去费用后的净额、直接计入当期利润的利得和损失等。(第三十七条)

直接计入当期利润的利得和损失,是指应当计入当期损益、会导致所有者权益发生增减变动的、与所有者投入资本或者向所有者分配利润无关的利得或损失。(第三十八条)

从上述的定义中,我们得到以下信息:利润是有时间的,通常指的是月、季、年;利润是加减法的计算结果,即收入－费用＋直接计入当期的利得－直接计入当期的损失;利得通常包括投资收益、公允价值变动收益等;损失通常包括资产减值损失等;如果没有经营的业务存在,没有收入,没有费用,没有能计入当期的利得和损失,利润也就不存在。

利润表及利润的计算过程

表3-1就是我们常见的利润表。

表 3-1　常见的利润表举例

单位：元

项　目	本月金额	本年合计
一、主营业务收入		
减：主营业务成本		
税金及附加		
销售费用		
管理费用		
财务费用		
资产减值损失		
加：公允价值变动收益		
投资收益		
其他业务利润		
二、主营业务利润		
加：营业外收入		
减：营业外支出		
三、利润总额		
减：所得税费用		
四、净利润		

从表 3-1 中，我们看到有三种不同类型的利润，即主营业务利润、利润总额（税前利润）和净利润。

1. 主营业务利润

主营业务利润是企业主要经营项目所获取的利润。比如，你的企业是卖房子的，卖房子产生的利润就是你企业的主营业务利润。

主营业务利润公式如下：

$$主营业务利润 = 主营业务收入 - 主营业务成本 - 税金及$$
$$附加 - 销售费用 - 管理费用 - 财务费用 -$$
$$资产减值损失 + 公允价值变动收益 + 投$$
$$资收益 + 其他业务利润$$

（1）主营业务收入

主营业务收入是企业主要经营业务的收入额，企业主要经营业务也就是营业执照上写的主要经营项目。

如果企业主要经营业务是销售产品，那么我们将此类收入简称为销售收入；如果企业主要经营业务是提供劳务，例如从事施工、安装、软件开发，那么我们将此类收入简称为劳务收入；如果企业主要经营业务是让渡资产的使用权，那么我们将此类收入称为利息收入和使用费收入，例如银行把钱借出去后收到的是利息，租赁企业收到的是使用费。

（2）主营业务成本

主营业务成本是指为了开展主要经营业务而发生的成本。

如果企业主要经营业务是销售产品，那么主营业务成本就是销售产品的成本。

例如，企业销售某产品的收入是 1,000 元，该产品的生产成本（或进货成本）是 600 元，这 600 元就是销售成本，也是主营业务成本。

如果企业主要经营的业务是提供劳务，那么主营业务成本就是劳务成本。

例如，提供设备安装的企业，设备的安装收入是 10 万元，为了安装设备发生的成本（员工工资）是 6 万元，该 6 万元即劳务成本。

（3）税金及附加

税金及附加是指企业应负担的消费税、资源税、城市维护建设税、教育费附加等。

第一，消费税。

消费税是针对消费品征收的税，征收范围包括烟、酒、高档化妆品、贵重首饰及珠宝玉石、鞭炮及焰火、成品油、小汽车、摩托车、高尔夫球及球具、高档手表、游艇、木制一次性筷子、实木地板、电池和涂料等。

消费税的最终承担者是消费者，因为消费税是价内税，在生产、委托加工和进口环节缴纳，在以后的流通环节就不再缴纳了。

例如，一家汽车企业生产了一款车，这款车不含消费税的价格是 10 万元，假设这款车的气缸容量在 1.5 升以上至 2.0 升（含 2.0 升），那么它产生的消费税率为 5%。

则，这款车的消费税为：10 × 5% = 0.5（万元）；该企业产品的销售价格为：10 + 0.5 = 10.5（万元）。

第二，资源税。

资源税是对在我国境内开采矿产品或者生产盐的单位和个人征收的税。

资源税的计算公式如下：

$$应纳税额 = 课税数量 \times 单位税额$$

开采或者生产应税产品进行销售的，课税数量等于销售数量；开采或者生产应税产品自用的，课税数量等于自用数量。

例如，某企业是开采矿石的企业，当月销售自产铁矿石 5 万吨，使用税率为 10 元 / 吨，国家对铁矿石资源暂时按照规定税额标准的 40% 征收。

则，该企业当月应缴纳的资源税为：5 × 10 × 40% = 20（万元）。

第三，城市维护建设税。

城市维护建设税是国家为了加强城市维护所征收的税金。根据纳税人实际缴纳的增值税、消费税税额为计税依据，根据纳税人所在地的不同，税率分为 7%、5%、1%。

其中，纳税人所在地在市区的，税率为 7%；纳税人所在地在县城、镇的，税率为 5%；纳税人所在地不在市区、县城或者镇的，税率为 1%。

例如，某企业当月缴纳的增值税为 100 万元，消费税为 50 万元，该企业在城市的市区，城市维护建设税税率为 7%。

则，该企业当月应缴纳的城市维护建设税为：（50 + 100）× 7% = 10.5（万元）。

第四，教育费附加。

教育费附加是国家为了发展教育事业，提高人们的文化素质，所征收的一项费用。根据纳税人实际缴纳消费税、增值税额的一定比例计算，费率为 3%。农业、乡镇企业，由乡镇人民政府征收农村教育事业附加，不再征收教育费附加。

例如，某企业当月缴纳的增值税为 100 万元，消费税为 50 万元，该企业在城市的市区，教育费附加税率为 3%。

则，该企业当月应缴纳的教育费附加为：（50 + 100）× 3% = 4.5（万元）。

（4）销售费用

销售费用是企业在销售产品、提供劳务的过程中发生的费用，该费用的发生部门为销售部门。

销售费用通常包括由企业负担的包装费、运费、装卸费、广告费、保险费、展览费、售后服务费，以及销售人员的工资、福利、差旅费、办公费、折旧费等。企业可以根据管理过程中销售部门实际发生的费用进行具体的分类。

（5）管理费用

管理费用是行政部门为管理企业而发生的费用。通常包括管理人员的工资、福利、差旅费，办公费，董事会费，折旧费，修理费，物料消耗，无形资产摊销，开办费摊销，咨询费，劳保费，职工教育经费，劳动保险费，等等。

（6）财务费用

财务费用是企业为了筹资而支付的费用。通常包括利息支出、汇兑净损失、手续费等。企业在筹建期间的利息支出，计入开办费。企业为构建固定资产或无形资产支付的利息，符合资本化的条件，计入固定资产或无形资产的成本中；不符合资本化的条件，计入财务费用中。

上面讲到的销售费用、管理费用和财务费用，就是我们常说的期间费用或三项费用。

（7）资产减值损失

资产减值损失是资产的账面价值高于其可收回的金额所引起的损失。

企业对该损失进行估计，即资产减值损失的提取，提取的范围主要是固定资产和无形资产。

例如，某企业有一批 3 年前购置的生产线设备，3 年前该设备还是先进技术，随着技术的进步，现在该设备已经加速贬值，企业估计损失为 200 万元。那么，该企业当期的资产减值损失为 200 万元。

国家为了防止一些企业通过提取减值准备的方式调节利润，就在《企业会计准则》的"资产减值"一节中作出规定，资产减值损失一经确定，在以后的会计期间不得转回。

（8）公允价值变动收益

公允价值变动收益是指企业交易性金融资产的公允价值变动所产生的损益。交易性金融资产是指企业为交易而持有的债券、股票和基金等。

例如，某企业去年购买了 300 万元的股票，到年底的时候，股票的价值变为 200 万元。

则，公允价值变动收益为：200 − 300 = −100（万元）。

（9）投资收益

投资收益是企业对外投资所获取的收益。

例如，某企业投资一个项目，该项目今年获取的收益为 200 万元。

则，该企业当年的投资收益为 200 万元。

（10）其他业务利润

其他业务利润能够反映企业非主营业务外的损益情况。其他业务利润的公式为：

其他业务利润＝其他业务收入－其他业务支出

例如，一家生产服装的企业，剩余一批布料没法使用，该批布料的采购成本为 200 万元，销售收入为 250 万元。

则，该企业其他业务利润为：250 – 200 = 50（万元）。

2.利润总额

利润总额的公式表述如下：

利润总额＝主营业务利润＋营业外收入－营业外支出

（1）营业外收入

营业外收入是指与企业日常生产经营活动没有直接关系的收入，主要包括非流动资产的处置、非货币型资产交易、债务重组、政府补助、盘盈、捐赠等。

例如，企业当前处置一项闲置的固定资产，获取收入 5 万元。

则，该企业的营业外收入为 5 万元。

（2）营业外支出

营业外支出是指与企业日常生产经营活动无关的支出，主要包括固定资产盘亏、报废、毁损和出售的净损失、非常损失、公益救济性捐赠、赔偿金、罚款、违约金等。

例如，某企业有一批存货变质，其成本为 20 万元，企业支付税务罚款 2 万元。

则，该企业的营业外支出为：20 + 2 = 22（万元）。

3. 净利润

净利润的公式表述如下：

$$净利润 = 利润总额 - 所得税$$

这里所说的所得税是指企业所得税而不是个人所得税。企业所得税是国家和企业分配最后剩余利润的一种方式，基本的税率目前为 25%，符合条件的小型微利企业的税率为 20%，国家需要重点扶持的高新技术企业的税率为 15%。所得税的计算公式为：

$$企业应纳所得税额 = 当期应纳税所得额 × 适用税率$$
$$应纳税所得额 = 税法收入总额 - 准予扣除项目金额$$

如果会计核算方法和税法一致的话，那么利润总额就应该等于应纳税所得额。但是，税法对收入的确认以及税前准予扣除的项目与会计核算方法不同，所以，利润总额有的时候不等于应纳税所得额。

例如，企业会计的主营业务收入为 2,000 万元，其中有 100 万元是免税收入。

则，税法确认的收入为：2,000 – 100 = 1,900（万元）。

当然，免税收入是需要税务批准、审核确定的。

企业会计的主营业务成本、管理费用、销售费用、财务费用合计为 1,600 万元，其中招待费用为 100 万元，税率为 25%。

税法对招待费的扣除标准是有限制的，一般为发生额的60%，或销售收入的 0.5%。两个数值中，哪个低，就选择哪个。

招待费的 60% = 100 × 60% = 60（万元）。

销售收入的 0.5% = 2,000 × 0.5% = 10（万元）。

则，税法允许扣除的招待费为 10 万元，企业超标 100–10 = 90（万元）。

假设无其他的调整事项，则：

税法承认的成本 = 1,600 – 90 = 1,510（万元）；

应纳所得税额 = 1,900 – 1,510 = 390（万元）；

应纳所得税 = 390 × 25% = 97.5（万元）；

企业的利润总额 = 2,000 – 1,600 = 400（万元）；

净利润 = 利润总额 – 所得税 = 400 – 97.5 = 302.5（万元）。

利润表各项目分析

1. 产品毛利分析

常见的产品毛利分析，如表 3-2 所示。

表 3-2　产品毛利分析表

单位：万元

产品类别	营业收入		营业成本		营业毛利		毛利率（％）	
	本期数	上期数	本期数	上期数	本期数	上期数	本期数	上期数
A								
B								
C								
合计								

报表分析

（1）营业毛利的分析

营业毛利 = 营业收入 − 营业成本

产品毛利较高的原因有两种：一种是产品的价格高，另一种是生产的成本低。如果企业的毛利很低，那么企业就很难盈利，因为后面还有期间费用没有扣除。所以，企业想获取利润，必须有一定的毛利率作为保证。

对毛利率的分析有两个角度：

第一个角度是比较某种产品不同期间的毛利水平，看其变化情况，并分析变动原因。

第二个角度是比较不同产品的毛利率情况，对于毛利率高的产品可以加大市场开发力度，对于毛利率较低的产品可以缩减市场份额，对于毛利率很低的产品可以考虑淘汰。

（2）营业收入、营业成本的分析

对营业收入、营业成本的分析有两个角度：

第一个角度是横向比较，看不同期间营业收入、营业成本的变动情况。

第二个角度是纵向比较，看哪种产品对收入的贡献大，哪种产品占用的成本低。

2. 产品净利润分析

表3-3是常见的产品净利润分析表。

表 3-3　产品净利润分析表

单位：万元

产品类别	营业收入	营业成本	营业毛利	毛利率	期间费用	净利润
	本期数	本期数	本期数	本期数	上期数	
A						
B						
C						
合计						

报表分析

对于产品的净利润分析，我们也可以从两个角度来看：

第一个角度是比较同一产品不同期间的净利润情况，找出净利润变化的原因，并加强管理。

第二个角度是比较不同产品的净利润情况，得出哪种产品的净利润高，哪种产品的盈利性强。对于净利润高的产品应重点开发，对于没有净利润的产品，必要的时候可以放弃。

企业三大盈利指标分析：赚钱才是硬道理

很多企业的管理者都害怕生意不好，因为一家企业盈利能力很差的话，资金周转就很困难，只能过一些"拆东墙，补西墙"的日子。

所以，对一家企业盈利能力的分析，就是对一家企业生存能力和产生现金能力的分析。

分析盈利能力的指标主要有销售利润率、资产净利率和权益净利率。

销售利润率

销售利润率是指净利润与销售收入的比率，通常用百分数表示。

销售利润率的公式表述如下：

$$销售利润率 = 净利润 \div 销售收入 \times 100\%$$

下面我们来看 A 公司和 B 公司销售利润率的情况，如表 3-4、表 3-5 所示。

表 3-4　A 公司的销售利润率表

	2021 年	2020 年	2019 年	2018 年
主营业务收入（万元）	142,190.80	132,868.04	151,679.28	139,411.88
净利润（万元）	14,991.32	13,869.20	10,984.12	8,730.32
销售毛利率	36.86%	34.15%	28.98%	30.60%
销售净利率	10.54%	10.44%	7.24%	6.26%

表 3-5　B 公司的销售利润率表

	2021 年	2020 年	2019 年	2018 年
主营业务收入（万元）	16,327.37	18,414.22	15,111.81	19,224.10
净利润（万元）	−2,224.72	−1,290.51	1,263.02	4,369.02
销售毛利率	21.97%	25.80%	21.94%	19.39%
销售净利率	−13.63%	−7.01%	8.36%	22.73%

····报表分析

（1）销售净利率比较

A 公司的销售净利率一直处于增长趋势，2018 年最低，为 6.26%，截至 2021 年 10 月 31 日的最高，数据为 10.54%，这意味着 A 公司 100 元的销售收入中能有 10.54 元的净利。

B 公司的销售净利率一直处于下滑状态，并且极不稳定。2018 年最高为 22.73%，这个指标看起来有点令人诧异。如果 B 公司的销售净利率可以达到这个水平，是不会出现亏损的。出现亏损的原因在于其 2018 年的主营业务收入 19,224.10 万元中有 3,363.65 万元的营业外收入，扣除营业外收入，其实际销售净利率仅为 5.23%。

（2）销售净利率差异分析

A 公司销售净利率高的原因是销售毛利率高，截至 2021 年 10 月 31 日的销售毛利率达到了 36.86%，这意味着 A 公司 100 元的销售收入中有 36.86 元的毛利。

B 公司销售净利率低的主要原因是销售毛利率太低，期间费用太高。截至 2021 年 10 月 31 日，100 元的销售收入中只有 21.97 元的毛利，期间费用占销售收入的 27.29%。其中，销售费用为 907.08 万元，占收入的 5.56%；管理费用为 2,838.63 万元，占收入的 17.38%；财务费用为 709.57 万元，占收入的 4.34%。

相比而言，A 公司期间费用占销售收入的 21.25%。其中，销售费用为 2,687.07 万元，占收入的 18.90%；管理费用为 3,752.91 万元，占收入的 2.64%；财务费用为 –262.41 万元，占收入的 –0.1%。

从上面的比较中，我们可以了解到，B 公司在销售上花的钱太少，大部分钱都浪费在了所谓的行政管理上，这是其收入上不去的主要原因。A 公司恰好相反，大部分的钱都花在销售上，只有少部分钱花在了行政管理上，并且没有偿还利息的负担。

资产净利率

1. 资产净利率的含义

资产净利率是指净利润与总资产的比率，反映企业利用1元资产（不论资金来源）所能获取的净利润。

资产净利率的公式表示如下：

$$资产净利率 = 净利润 \div 总资产 \times 100\%$$

企业之所以有产品可以销售，是因为资产在运转，这些资产包括企业的人和物。

资产的运转效率越高，企业产生利润的能力就越强。

下面我们来看看 A 公司和 B 公司资产净利率的情况，如表 3-6、表 3-7 所示。

表 3-6　A 公司的资产净利率表

	2021 年	2020 年	2019 年	2018 年
净利润（万元）	14,991.32	13,869.20	10,984.12	8,730.32
总资产（万元）	132,834.24	111,721.43	101,410.65	106,357.42
资产净利率	11.29%	12.41%	10.83%	8.21%

表 3-7　B 公司的资产净利率表

	2021 年	2020 年	2019 年	2018 年
净利润（万元）	−2,224.72	−1,290.51	1,263.02	4,369.02
总资产（万元）	64,379.56	62,335.68	53,194.25	46,807.48
资产净利率	−3.46%	−2.07%	2.37%	9.33%

---- 报表分析 ----

　　A 公司资产净利率在这几年里基本处于上升的趋势，截至 2021 年 10 月 31 日的资产净利率为 11.29%，这意味着企业 100 元的资产中能获取 11.29 元的净利润。

当然，这 100 元的资产，既包括股东的钱，也包括债权人的钱。

B 公司在 2018 年和 2019 年的时候还是赚钱的，只是相比 A 公司而言，资产净利率低了一些。但从 2020 年到 2021 年 10 月 31 日，B 公司是不赚钱的。截至 2021 年 10 月 31 日，其资产净利率为 −3.46%，这意味着企业 100 元的资产，获取的利润是 −3.46 元。所以，B 公司想扭亏为盈，必须马上开始有效地管理企业的资产。

2. 资产净利率的驱动因素

影响资产净利率的因素主要有销售利润率和总资产周转率。其公式表述如下：

$$资产净利率 = 净利润 / 总资产 = 净利润 / 销售收入 \times$$
$$销售收入 / 总资产$$
$$= 销售利润率 \times 总资产周转次数$$

A 公司和 B 公司资产净利率驱动因素，如表 3–8、表 3–9 所示。

表 3-8 A 公司资产净利率驱动因素表

	2021 年	2020 年	2019 年	2018 年
总资产周转率	1.07	1.19	1.50	1.31
销售净利率	10.54%	10.44%	7.24%	6.26%
资产净利率	11.29%	12.41%	10.83%	8.21%

表 3-9 B 公司资产净利率驱动因素表

	2021 年	2020 年	2019 年	2018 年
总资产周转率	0.25	0.30	0.28	0.41
销售净利率	−13.63%	−7.01%	8.36%	22.73%
资产净利率	−3.46%	−2.07%	2.37%	9.33%

报表分析

A 公司资产净利率高的主要原因是销售净利率和总资产周转率较好，B 公司资产净利率低的主要原因是销售净利率低，且总资产周转次数少。

权益净利率

权益净利率是净利润与股东权益的比率，反映的是 1 元股权资本所能赚取的净利润，可以用来衡量企业的总体盈利能力。

权益净利率的公式表述如下：

$$权益净利率 = 净利润 ÷ 股东权益 × 100\%$$

下面我们来看看 A 公司与 B 公司的权益净利率的情况，如表 3-10 所示。

表 3-10　A 公司与 B 公司的权益净利率对比表

	2021 年	2020 年	2019 年	2018 年
A 公司	20.88%	21.54%	18.89%	26.81%
B 公司	−7.48%	−4.03%	3.8%	13.65%

报表分析

A 公司的权益净利率近几年相对比较稳定，截至 2021 年 10 月 31 日，股东每投资 100 元，能获取 20.88 元的回报，这是一个比较高的回报。

B 公司的权益净利率近几年一直处于下滑的趋势，其中 2020 年和 2021 年的为负数。截至 2021 年 10 月 31 日，股东每投资 100 元，获取的回报是 −7.48 元。也就是说，B 公司在为股东创造负价值。

同样的投资，投给 A 公司和 B 公司，投资者的获利水平差距巨大。

盈利增长能力

对于一家企业来说，盈利能力很重要，持续的盈利能力更重要。

下面我们来看看 A 公司和 B 公司的盈利增长能力，如表 3-11、表 3-12 所示。

表 3-11　A 公司盈利能力增长分析表

	2021 年	2020 年	2019 年	2018 年
净利润增长率	91.44%	26.27%	25.82%	26.81%
主营业务收入增长率	38.67%	−12.40%	8.80%	25.49%
营业利润增长率	91.56%	28.35%	−4.21%	32.81%
净资产增长率	11.47%	10.78%	6.17%	15.01%
总资产增长率	18.89%	10.17%	−4.65%	−1.88%

表 3-12　B 公司盈利能力增长分析表

	2021 年	2020 年	2019 年	2018 年
净利润增长率	−516.6%	−202.18%	−71.09%	28.22%
主营业务收入增长率	16.62%	21.85%	−21.39%	84.81%
营业利润增长率	−370.83%	−181.60%	−6.77%	−73.14%
净资产增长率	−7.10%	−3.80%	3.95%	15.81%
总资产增长率	3.27%	17.18%	13.64%	−1.15%

报表分析

（1）净利润增长能力比较

A 公司的净利润增长能力很强；B 公司净利润的增长能力很弱，从 2019 年开始，净利润就是负数。

（2）主营业务收入增长能力比较

A 公司主营业务收入只有 2020 年出现过负增长，到了 2021 年开始增长，增长率为 38.67%；B 公司主营业务收入的增长率虽然没有 A 公司的快，但从 2020 年开始也在增长，但为什么收入增长，利润却没有增加呢？原因我前面讲过了，毛利太低，期间费用太高。收入的增长没有成本费用增长得多，所以企业没有利润。

（3）营业利润增长能力比较

A 公司营业利润的增长能力很强；B 公司营业利润的增长能力很弱，并且从 2018 年到 2021 年一直是负数，这意味着 B 公司是不赚钱的，2018 年的利润是靠营业外收益产生的。

（4）净资产增长能力比较

A 公司因为经营业绩比较好，有利润，所以净资产一直处于增长的趋势；B 公司因为一直在亏损，没有利润，所以，净资产从 2020 年开始为负增长。

（5）总资产增长率的比较

A 公司 2018 年和 2019 年的总资产增长率是负数，这意味着企业的资产规模没有增加，从 2020 年到 2021 年 10 月 31 日，企业的总资产增长率为正数，这表明企业的资产规模在增长，且不是由于权益资金的增加；B 公司的资产规模在 2019 年与 2020 年增速是比较快的，增速快的原因是 2020 年增加了大量的负债，到了 2021 年增速开始减缓，原因是负债的额度没有大额增加。

报表中的管理问题——盈利的秘密

1. 盈利有秘密

谁都想发财，但如何才能发家致富呢？

世间最大的定律是因果定律。佛家讲，想发财，要修财布施，因为财富是财布施得来的。这个道理，用在个人理财和企业管理上，我觉得特别合适。

你要想发财，就要对别人、对企业、对社会有价值，你的价值，就是你的贡献和你的付出，这就是布施。

你的企业想盈利，就要对供应商、对消费者、对国家、对社会、对员工有价值。你的价值，就是你的贡献，这也是布施。

所以，布施是因，财富是果。你施得越多，受益面越广，你得到的也就越多。

这就是企业赚取利润的秘密！

2. 提高销售收入

如果你想得到 1 亿元的利润，你觉得你的销售收入应该是多少呢？如果你的销售净利率可以达到 20%，那至少需要拥有 5 亿元的销售收入。

所以，销售收入很重要，如果你的企业只有 1 亿元的销售收入，怎么也不会有 1 亿元的净利润。

但是，也不能为了扩大收入而不顾利润水平，薄利多销是可以的，因为薄利也是有利可赚的，赔钱赚吆喝的事情，能不做还是不做。

3. 提高资产运转效率

人生是很短暂的，时间对于每个人来说都是最珍贵的。那么，人们如何才能活得更有质量呢？珍惜时间，利用好时间，做个最有效率的人。企业也是如此。

1 个小时对于你和你的竞争对手都是平等的。如果 1 个小时内，你的竞争对手能生产出 1,000 个产品，而你只能生产出 500

个，那么你的生存能力一定不如竞争对手。假定你们的销售净利率相同，那么你必须比竞争对手多一倍的工作时间，才能取得与他们同样的利润。也就是说，人家用 5 年做的事情，你需要用 10 年。

所以，企业要想获得利润，一定要抓好资产的运营效率，资产的运营效率越高，企业赚取的利润才会越多。

chapter **4**

从短期偿债指标
看风险抵御能力
——你远离破产危机了吗

在市场经济时代，企业破产的悲剧无时无刻不在上演，我们随便看看那些被申请破产还债的企业名单，就会知道现实有多么残酷。所以，企业想活得长久一些，就必须及时偿还到期债务。而要想及时偿还债务，首先就要提高自身的短期偿债能力。

▉ 短期债务的存量分析：有多少还债的资产

企业破产的时候，首先被公布出来的消息就是资不抵债或者是不能偿还到期债务。所以，不能偿还到期债务是企业破产的直接原因。

负债是把双刃剑，既能为企业筹集资金，也能导致企业破产。企业在借钱的时候，首先要考虑的是自己的偿还能力，如果企业根本就没有偿还能力，最好还是少借钱或者不借钱。借钱给企业的人，也要获利，如果没法获利，那还不如存银行。所以，对一家企业短期偿债能力的分析，就是对一家企业破产危险情况的分析。当然，分析不是目的，做好风险防范才是关键。

短期偿债能力的衡量方法

短期偿债能力有两种衡量方法。

1. 比较可偿债资产与短期债务的存量

通过比较可偿债资产与短期债务的存量，可获知企业的短期偿债能力。如果资产存量超过债务存量较多，则认为企业偿债能力强；反之，则说明企业偿债能力较弱。

例如，企业需要偿还的债务为 1 亿元，如果企业能用于还债的资产为 5 亿元，那么企业的偿债能力较强；如果企业能用于还债的资产为 5,000 万元，那么企业已经处于破产的边缘。

2. 比较经营活动产生的现金流量和偿债所需现金

通过比较经营活动产生的现金流量和偿债所需现金，管理者可获知企业的短期偿债能力。如果经营活动产生的现金超出还债所需现金较多，则认为企业偿债能力强；反之，则说明企业偿债能力较弱。

例如，企业偿还债务需要现金 5,000 万元，如果企业经营活动所产生的现金流量为 2 亿元，那么企业还债能力较强；如果企业经营活动所产生的现金流量为 4,000 万元，那么企业偿债能力非常弱。

需要说明的是：可偿债资产的存量，是资产负债表中列示的流动资产年末余额；短期债务的存量，是资产负债表列示的流动负债年末余额。

流动资产与流动负债的存量比较有两种方法：一种是差额比较，两者的差额称为营运资本；另一种是比率比较，两者相除的比率称为短期债务的存量比率，即流动比率、速动比率和现金比率。

营运资本

营运资本是指企业流动资产超过流动负债的部分。

营运资本的公式表述如下：

$$营运资本 = 流动资产 - 流动负债$$

从上述公式中，我们可以看出营运资本越多，流动负债的偿还就越有保障，企业短期偿债能力就越强。

当流动资产大于流动负债时，净营运资本为正数，表明企业长期资本的数额大于长期资产，且超出部分被用于流动资产投资。

企业长期资本包括债务的资金也包括股东的资金，这是企业资金的主要来源。

企业的资产包括长期的资产和短期的资产。长期的资产就是非流动资产，短期的资产就是流动资产，资产总额等于资本总额。

例如，企业的长期资本（非流动负债+股东权益）为1亿元，短期资本（流动负债）为0.5亿元，则企业的资本总额为1.5亿元。企业的长期资产（非流动资产）为0.8亿元，短期资产（流动资产）为0.7亿元，则企业的资产总额为1.5亿元。

营运资本 = 流动资产 − 流动负债 = 0.7 − 0.5 = 0.2（亿元）。

营运资本投资 = 长期资本 − 长期资产 = 1 − 0.8 = 0.2（亿元）。

当流动资产小于流动负债时，净营运资本为负数，表明长期资本小于长期资产，有部分长期资产由流动负债来提供资金来源。

例如，企业的长期资本（非流动负债+股东权益）为1亿元，短期资本（流动负债）为0.5亿元，那么，企业的资本总额为1.5亿元。企业的长期资产（非流动资产）为1.2亿元，短期资产（流动资产）为0.3亿元，那么，企业的资产总额为1.5亿元。

营运资本 = 流动资产 − 流动负债 = 0.3 − 0.5 = −0.2（亿元）。

营运资本投资 = 长期资本 − 长期资产 = 1 − 1.2 = −0.2（亿元），该部分投资的钱是流动负债提供的。

从上面的例子中，我们可以看出营运资本的数额越大，企业的财务状况越稳定。这是因为，流动负债需要在1年内偿还，而企业的长期资产在1年内无法变现。很多企业的长期资产就是厂房和设备，企业不可能把设备卖了还债，那样的话，企业就无法正常经营。所以，企业必须保证有充足的流动资金用于偿还债务。

营运资本是绝对数，所以不能用于不同企业之间的比较，但可用于企业不同时间段的数据分析。我们来看 A 公司营运资本在 2020 年和 2021 年的变化情况（分别取 10 月 31 日的数据），如表 4-1 所示。

表 4-1　A 公司净营运资本对比表

单位：万元

	2021 年	2020 年
流动资产合计	80,399.54	36,962.32
流动负债合计	57,902.85	33,038.67
营运资本	22,496.69	3,923.65

从上表我们可以看出，A 公司 2021 年同期的营运资本比 2020 年增加了 18,573.04 万元，这表明 A 公司短期偿债能力非常强。营运资金增加的主要原因是流动资产增长的幅度比较大，增长了 117.52%。

流动比率

流动比率是流动资产与流动负债的比值。其公式表述如下：

$$流动比率 = 流动资产 \div 流动负债$$

假设全部流动资产都可用于偿还流动负债，那么每 1 元流动负债相应有 1 元的流动资产作为偿债保障。但这种假设在实际工作中很难实现，所以，流动比率只是对企业短期偿债能力的一个粗略估计。

我们下面来看一下 A 公司与 B 公司的流动比率的情况，如表 4-2 所示。

表 4-2　A 公司与 B 公司的流动比率对比表

	2021 年	2020 年	2019 年	2018 年
A 公司	1.388 5	1.272 0	1.068 2	1.544 9
B 公司	0.962 9	1.011 6	1.111 5	1.583 5

报表分析

A 公司的流动比率相对比较稳定，2021 年的要比 2020 年的高，所以，A 公司的短期偿债能力是在不断提升的；B 公司的流动比率处于下降的趋势，这意味着 B 公司的短期偿债能力是在下降的。

与 A 公司相比，B 公司的短期偿债能力较弱。截至 2021 年 10 月 31 日, A 公司每 1 元的流动负债有 1.388 5 元的流动资产作为保障，而 B 公司每 1 元的流动负债只有 0.962 9 元的流动资产作为保障。

速动比率

速动比率是速动资产与流动负债的比值。速动资产是指企业的货币资金，交易性金融资产和各种应收、预付款项等资产，这些资产可以在较短时间内变成现金。非速动资产是指企业的存货、待摊费用、一年内到期的非流动资产及其他流动资产等，这些资产在短期内不能变成现金。

速动比率的公式表述如下：

$$速动比率＝速动资产÷流动负债$$

速动比率表明每 1 元流动负债有多少速动资产作为偿债的保障。

行业不同，速动比率也会不同，所以，速动比率不适合不同行业之间的比较。例如，生产型企业的应收账款比较多，速动比率就会比较大；而餐饮和零售行业现金销售比较多，应收账款很少，速动比率就会比较小。

对于应收账款比较多的企业来说，速动比率的可靠程度取决于应收账款的变现能力和账面上应收账款的真实程度。

我们下面来看一下 A 公司与 B 公司的速动比率的比较情况，如表 4-3 所示。

表 4-3　A 公司与 B 公司的速动比率对比表

	2021 年	2020 年	2019 年	2018 年
A 公司	1.203 0	0.778 1	0.525 3	1.212 0
B 公司	0.700 5	0.803 8	0.752 7	1.183 8

---- **报表分析** ----

　　A 公司的速动比率 2021 年比 2020 年提高了很多，这表明 A 公司短期偿债能力一直在增强；B 公司的速动比率 2021 年比 2020 年降低了，这表明 B 公司短期偿债能力一直在降低。

　　与 A 公司相比，B 公司的短期偿债能力较弱。截至 2021 年 10 月 31 日，A 公司每 1 元的流动负债有 1.203 0 元的速动资产作为保障；而 B 公司每 1 元的流动负债只有 0.700 5 元的速动资产作为保障。

现金比率

　　现金比率是指现金与流动负债的比值。现金包括货币资金、交易性金融资产等。货币资金包括库存现金、银行存款等。交易性金融资产是指企业为交易而持有的债券、股票和基金。

现金比率的公式表述如下：

现金比率＝（货币资金＋交易性金融资产）÷流动负债

现金比率表示1元流动负债有多少现金作为偿还的保障，该指标越高，表明企业偿债能力越强。

我们来看看 A 公司与 B 公司的现金比率的情况，如表 4-4、表 4-5 所示。

表 4-4　A 公司的现金比率表

	2021 年	2020 年	2019 年	2018 年
流动负债（万元）	57,902.85	44,460.55	41,156.56	47,991.60
货币资金（万元）	47,857.09	27,844.54	14,392.35	18,914.54
现金比率	0.83	0.63	0.35	0.39

表 4-5　B 公司的现金比率表

	2021 年	2020 年	2019 年	2018 年
流动负债（万元）	20,122.24	20,901.63	13,624.11	9,238.70
货币资金（万元）	6,418.57	11,061.34	2,250.18	2,023.80
现金比率	0.32	0.53	0.17	0.22

---- 报表分析 ----

　　近四年来，A 公司的现金比率基本呈现上升趋势，

这表明 A 公司偿还短期债务的能力在增强。偿债能力增强的最主要原因是货币资金的增加量较大，2019 年最低为 14,392.35 万元，到了 2021 年 10 月 31 日，货币资金增加到 47,857.09 万元。

近四年来，B 公司的现金比率变动比较大，最好的时候是 2020 年，为 0.53；最差的时候是 2019 年，为 0.17。B 公司 2020 年与 2021 年的流动负债金额变动不大，但货币资金的变动却非常大，截至 2021 年 10 月 31 日的资金量比 2020 年的降低了 4,642.77 万元。

B 公司的现金比率和 A 公司的相差很大：截至 2021 年 10 月 31 日，A 公司每 1 元的流动负债有 0.83 元的现金作为保障，而 B 公司每 1 元的流动负债只有 0.32 元的现金作为保障。对于 B 公司来说，必须提高自身的短期偿债能力，否则就会陷入债务危机。

■ 短期债务的流量分析：有多少还债的“现金”

企业不怕没钱，就怕没赚钱的能力。所以，企业一定要有产生现金流的能力，否则，企业很难发展壮大。

对企业短期债务流量的分析，我们要从现金流量表入手，涉及的指标是现金流量比率。

现金流量比率

现金流量比率为经营现金流量与流动负债的比值。

现金流量比率的公式表述如下：

$$现金流量比率 = 经营现金流量 \div 流动负债$$

经营现金流量就是现金流量表上的"经营活动产生的现金流量净额"，该净额反映的是企业经营产生现金的能力。

流动负债通常使用资产负债表中"流动负债"年初与年末的平均数，很多上市企业公布的数据都是采用平均数。当然，企业也可以使用流动负债的年末数。需要注意的是，一旦采用了某一种方法，就不要轻易改变，否则企业各期间的比率就没法进行对比。

现金流量比率，反映每1元流动负债有多少经营现金流量作为保障。所以该比率越高，企业的偿债能力就越强。

我们下面来看看 A 公司与 B 公司的现金流量比率的情况，如表 4-6、表 4-7 所示。

表 4-6　A 公司的现金流量比率

	2021 年	2020 年	2019 年	2018 年
经营活动现金净流量（万元）	27,191.69	28,986.10	16,773.20	13,868.86
流动负债（万元）	57,902.85	44,460.55	41,156.56	47,991.60
现金比率	0.47	0.65	0.41	0.29

表 4-7　B 公司的现金流量比率

	2021 年	2020 年	2019 年	2018 年
经营活动现金净流量（万元）	−790.53	171.54	51.70	−245.02
流动负债（万元）	20,122.24	20,901.63	13,624.11	9,238.70
现金比率	−0.04	0.01	0.00	−0.03

报表分析

（1）现金净流量比较

A 公司的经营活动现金净流量一直为正数，且逐年在增长。

B 公司的经营活动现金净流量一直不稳定，2018 年为负数，2019 年、2020 年有所改善，但到了 2021 年 10 月 31 日，经营活动现金净流量为 −790.53 万元，这表明 B 公司的经营活动根本没有产生现金净流量（现金净流量 = 现金流入 − 现金流出）的能力。

如果企业的经营活动没有产生现金净流量的能力，为了维持生产经营，企业只能"拆东墙，补西墙"。所以，B 公司近几年债务总额一直在增加。

（2）现金比率比较

A 公司的现金比率近几年也在增加，因为 2021 年选取的是截至 10 月 31 日的数据，所以不能和 2020 年 12 月 31 日的数据进行比较，我们只能从发展趋势来看 A 公司的现金比率。以 2021 年 10 月 31 日公布的数据来看，A 公司每 1 元的流动负债有 0.47 元的经营现金净流量作为保障。

同一时间段，B 公司的现金净流量却是负数。所以，B 公司应努力让经营活动产生更多的现金流，否则，企业存在的财务风险会比较高。

现金流量表

1. 现金流量表及编制说明

现金流量表的常见格式，如表 4-8 所示。

表 4-8　现金流量表

单位：元

项目	行次	本年金额	上年金额
一、经营活动产生的现金流量：	1		
销售商品、提供劳务收到的现金	2		
收到的税费返还	3		
收到其他与经营活动有关的现金	4		
经营活动现金流入小计	5		
购买商品、接受劳务支付的现金	6		
支付给职工以及为职工支付的现金	7		
支付的各项税费	8		
支付其他与经营活动有关的现金	9		
经营活动现金流出小计	10		
经营活动产生的现金流量净额	11		
二、投资活动产生的现金流量：	12		
收回投资收到的现金	13		
取得投资收益收到的现金	14		
处置固定资产、无形资产和其他长期资产收回的现金净额	15		
处置子公司及其他营业单位收到的现金净额	16		
收到其他与投资活动有关的现金	17		
投资活动现金流入小计	18		
购建固定资产、无形资产和其他长期资产支付的现金	19		

（续表）

项目	行次	本年金额	上年金额
投资支付的现金	20		
取得子公司及其他营业单位支付的现金净额	21		
支付其他与投资活动有关的现金	22		
投资活动现金流出小计	23		
投资活动产生的现金流量净额	24		
三、筹资活动产生的现金流量：	25		
吸收投资收到的现金	26		
取得借款收到的现金	27		
收到其他与筹资活动有关的现金	28		
筹资活动现金流入小计	29		
偿还债务支付的现金	30		
分配股利、利润或偿付利息支付的现金	31		
支付其他与筹资活动有关的现金	32		
筹资活动现金流出小计	33		
筹资活动产生的现金流量净额	34		
四、汇率变动对现金的影响	35		
五、现金及现金等价物净增加额	36		
期初现金及现金等价物余额	37		
期末现金及现金等价物余额	38		

现金流量表主要由经营活动产生的现金流量、投资活动产生的现金流量和筹资活动产生的现金流量组成。

通常情况下，如果经营活动产生的现金流量为正数，说明企业经营活动能产生现金流，否则就不能产生现金流；投资活动产生的现金流量为正数表明企业正在收回投资，为负数表明企业正在大量投资；筹资活动产生的现金流量为正数表明企业正在融资，为负数表明企业正在偿还债务。

现金流量表的具体编制说明，如表4-9所示。

表4-9　现金流量表的具体编制说明

行次	项目	说明
1	一、经营活动产生的现金流量：	
2	销售商品、提供劳务收到的现金	此部分包括企业本期销售商品、提供劳务收到的现金；前期销售商品、提供劳务本期收到的现金；销售收入和影响购买者收取的增值税销项税额；本期预售的款项；本期销售本期退回商品或销售本期退回商品支付的现金作为减项；销售材料或代购代销业务收到的现金。
3	收到的税费返还	此部分包括企业收到的所得税、增值税、消费税、关税和教育费附加等各种税费返还款。
4	收到其他与经营活动有关的现金	此部分包括企业经营租赁收到的租金以及其他与经营活动有关的现金流入，金额较大的应当单独列示。
5	经营活动现金流入小计	5＝2＋3＋4（此部分为第2、3、4项目之和。）

（续表）

行次	项目	说明
6	购买商品、接受劳务支付的现金	此部分包括企业本期购买商品、接受劳务实际支付的现金（包括增值税进项税额）；本期支付前期购买商品、接受劳务的未付款项和本期预付款项；本期发生的购货退回收到的现金作为减项处理；企业购买材料和代购代销业务支付的现金。
7	支付给职工以及为职工支付的现金	此部分包括本期实际支付给职工的工资、奖金、各种津贴和补贴等职工薪酬（包括代扣代缴的职工个人所得税）。
8	支付的各项税费	此部分包括企业本期发生并支付、以前各期发生本期支付以及预交的各项税费，包括所得税、增值税、消费税、印花税、房产税、土地增值税、车船使用税、教育费附加等。
9	支付其他与经营活动有关的现金	此部分包括企业经营租赁支付的租金、差旅费、业务招待费、保险费、罚款支出等其他与经营活动有关的现金流出，金额较大的应当单独列示。
10	经营活动现金流出小计	10 = 6 + 7 + 8 + 9
11	经营活动产生的现金流量净额	11 = 5 − 10
12	**二、投资活动产生的现金流量：**	
13	收回投资收到的现金	此部分包括企业出售、转让或到期收回的现金等价物以外的对其他企业的权益工具、债务工具和合营中的权益。
14	取得投资收益收到的现金	此部分包括企业除现金等价物以外的对其他企业的权益工具、债务工具和合营中的权益投资分回的现金股利和利息等。

（续表）

行次	项目	说明
15	处置固定资产、无形资产和其他长期资产收回的现金净额	此部分是指企业出售、报废固定资产、无形资产和其他长期资产所取得的现金（包括因资产毁损而受到的保险赔偿收入），减去为处置这些资产而支付的有关费用后的净额。
16	处置子公司及其他营业单位收到的现金净额	此部分是指公司处置子公司以及其他营业单位所取得的现金减去相关处置费用，子公司及其他营业单位持有的现金和现金等价物的净额。
17	收到其他与投资活动有关的现金	此部分是指公司除上述项目外收到的其他与投资活动有关的现金流入，金额较大的应当单独列示。结算中心收到下属公司偿还的借款也反映在此处。
18	投资活动现金流入小计	18 = 13 + 14 + 15 + 16 + 17
19	购建固定资产、无形资产和其他长期资产支付的现金	此部分是指企业购买、建造固定资产，取得无形资产和其他长期资产所支付的现金（含增值税款），以及用现金支付的应由在建工程和无形资产负担的职工薪酬。
20	投资支付的现金	此部分是指企业取得除现金等价物以外的对其他企业的权益工具、债务工具和合营中权益所支付的现金以及支付的佣金与手续费等附加费用。
21	取得子公司及其他营业单位支付的现金净额	此部分是指企业购买子公司以及其他营业单位出价中以现金支付的部分，减去子公司及其他营业单位持有的现金和现金等价物后的净额。
22	支付其他与投资活动有关的现金	此部分是指企业除上述项目外支付的其他与投资活动有关的现金流出，金额较大的应当单独列示。结算中心对于发放给下属公司的借款也在此项反映。

（续表）

行次	项目	说明
23	投资活动现金流出小计	23 = 19 + 20 + 21 + 22
24	投资活动产生的现金流量净额	24 = 18 − 23
25	**三、筹资活动产生的现金流量：**	
26	吸收投资收到的现金	此部分是指企业以发行股票、债券等方式筹集资金实际收到的款项，减去直接支付给金融企业的佣金、手续费、宣传费、咨询费、印刷费等发行费用后的净额。
27	取得借款收到的现金	此部分是指企业举借各种短期、长期借款而收到的现金，各下属公司从结算中心取得的借款，要在本项目中扣除。
28	收到其他与筹资活动有关的现金	此部分是指除上述 26、27 项目以外，收到的其他与投资活动有关的现金流入，金额较大的应当单独列示。
29	筹资活动现金流入小计	29 = 26 + 27 + 28
30	偿还债务支付的现金	此部分是指企业以现金偿还债务的本金。各下属公司偿还从结算中心取得的借款，也反映在本项中。
31	分配股利、利润或偿付利息支付的现金	此部分是指企业实际支付的现金股利，支付给其他投资单位的利润或用现金支付的借款利息、债券利息。
32	支付其他与筹资活动有关的现金	此部分是指企业除上述 30、31 项外，其他与筹资活动有关的现金流出，金额较大的应当单独列示；现金结算中心现金流量表里成员单位存款的增加和减少的差额也应反映在此项。
33	筹资活动现金流出小计	33 = 30 + 31 + 32
34	筹资活动产生的现金流量净额	34 = 29 − 33

（续表）

行次	项目	说明
35	四、汇率变动对现金的影响：	此项反映的是下列项目之间的差额：现金外币现金流量折算为记账本位币时，所采用的现金流量发生日的即期汇率或按照系统合理的方法确定的，与现金流量发生日即期汇率近似折算的金额（编制合并现金流量表时还包括折算境外子公司现金流量的，应当比照处理）；"现金及现金等价物净增加额"中外币现金净增加额按照期末汇率折算的金额。
36	五、现金及现金等价物净增加额：	36 = 1 + 12 + 25 + 35
37	期初现金及现金等价物余额	等于期初资产负债表中货币资金的余额
38	期末现金及现金等价物余额	等于期末资产负债表中货币资金的余额

2. A 公司与 B 公司现金流量表的分析

A 公司与 B 公司现金流量的具体情况，如表 4-10、表 4-11 所示。

表 4-10　A 公司的现金流量表

	2021 年	2020 年	2019 年	2018 年
销售商品收到的现金（万元）	167,600.53	160,906.56	177,388.13	161,931.72
经营活动现金净流量（万元）	27,191.69	28,986.10	16,773.20	13,868.86
现金净流量（万元）	20,012.56	13,452.19	−4,522.19	−7,886.13
经营活动现金净流量增长率	20.82%	72.81%	20.94%	−55.67%

(续表)

	2021 年	2020 年	2019 年	2018 年
销售商品收到现金与主营收入比	117.87	121.10	116.95	116.15
经营活动现金流量与净利润比	181.38	209.00	152.70	158.86
现金净流量与净利润比	133.49	96.99	−41.17	−90.33
投资活动的现金净流量（万元）	−186.67	−2,538.13	−432.75	−7,315.36
筹资活动的现金净流量（万元）	−6,992.47	−12,995.79	−20,862.64	−14,439.63

表 4-11　B 公司的现金流量表

	2021 年	2020 年	2019 年	2018 年
销售商品收到的现金（万元）	16,754.48	21,202.80	18,610.96	16,975.35
经营活动现金净流量（万元）	−790.53	171.54	51.70	−245.02
现金净流量（万元）	−4,642.78	6,811.17	226.37	−1,577.86
经营活动现金净流量增长率	227.21%	231.81%	−121.10%	−91.83%
销售商品收到现金与主营收入比	102.62	115.14	123.16	88.30
经营活动现金流量与净利润比	35.53	−13.29	4.09	−5.61
现金净流量与净利润比	208.69	−527.79	17.92	−36.11
投资活动的现金净流量（万元）	−7,560.80	−3,848.77	−4,715.98	4,010.48
筹资活动的现金净流量（万元）	3,708.56	10,488.40	4,882.36	−5,343.31

报表分析

近几年来，A 公司的经营活动现金净流量为正数且基本处于增长的状态，这表明 A 公司经营活动产生现金流的能力较强，并可以说逐年在增强。

近几年来，B 公司经营活动现金流量一直不稳定，2018 年与 2021 年为负数，2019 年与 2020 年为正数，这表明 B 公司经营活动产生现金流的能力很弱，尤其是在 2021 年 10 月 31 日前。对于 B 公司来说，必须增强企业经营活动产生现金流的能力，否则企业很难经营下去。

下面我们具体来看 A 公司与 B 公司投资活动现金流量情况，如表 4-12、表 4-13 所示。

表 4-12　A 公司投资活动的现金流量表

单位：万元

	2021 年	2020 年	2019 年	2018 年
收回投资所收到的现金	0.00	0.00	0.00	1,500.00
处置固定资产、无形资产和其他长期资产所收回的现金净额	16.90	36.32	14.50	715.09
收到的其他与投资活动有关的现金	266.92	154.95	152.26	116.93
投资活动现金流入小计	283.82	191.27	166.76	2,332.02
购建固定资产、无形资产和其他长期资产所支付的现金	470.48	2,729.40	599.51	647.38
支付的其他与投资活动有关的现金	0.00	0.00	0.00	9,000.00
投资活动现金流出小计	470.48	2,729.40	599.51	9,647.38
投资活动产生的现金流量净额	-186.67	-2,538.13	-432.75	-7,315.36

表 4-13　B 公司投资活动的现金流量表

单位：万元

	2021 年	2020 年	2019 年	2018 年
收回投资所收到的现金	0.00	0.00	0.00	5,100.00
取得投资收益所收到的现金	715.68	3,147.56	3,518.88	1,785.05
处置固定资产、无形资产和其他长期资产所收回的现金净额	271.89	16.81	11.45	4,564.40
收到的其他与投资活动有关的现金	0.00	0.00	0.00	500.00
投资活动现金流入小计	987.57	3,164.37	3,530.33	11,949.50
购建固定资产、无形资产和其他长期资产所支付的现金	8,428.38	4,225.13	8,246.31	7,558.97
投资所支付的现金	120.00	788.00	0.00	380.00
质押贷款净增加额	0.00	2,000.00	0.00	0.00
投资活动现金流出小计	8,548.38	7,013.13	8,246.31	7,938.97
投资活动产生的现金流量净额	−7,560.80	−3,848.77	−4,715.98	4,010.48

┌ 报表分析 ┐

近几年来，A 公司投资活动产生的现金净流量一直为负数。2018 年最低为 −7,315.36 万元，这表明 A 公司当年对外投资的金额比较大；到了 2021 年 10 月 31 日为 −186.67 万元，这表明 A 公司当年对外投资的金额在减少。

B 公司投资活动产生的现金净流量，2018 年为

4,010.48 万元，说明企业正在收回对外的投资。2019 年、2020 年、2021 年投资活动产生的现金净流量为负数，说明 B 公司正在大量地对外投资，截至 2021 年 10 月 31 日的为 −7,560.80 万元，说明 B 公司在自身经营状况不是很好的情况下，还对外进行投资，其投资风险是比较大的。

下面我们来看 A 公司与 B 公司筹资活动的现金流量情况，如表 4-14、表 4-15 所示。

表 4-14　A 公司筹资活动的现金流量表

单位：万元

	2021 年	2020 年	2019 年	2018 年
取得借款收到的现金	0.00	0.00	10,000.00	27,000.00
筹资活动现金流入小计	0.00	0.00	10,000.00	27,000.00
偿还债务支付的现金	0.00	5,000.00	20,000.00	37,000.00
分配股利、利润或偿付利息所支付的现金	6,987.96	7,990.84	9,232.54	4,433.86
支付其他与筹资活动有关的现金	4.51	4.95	1,630.10	5.77
筹资活动现金流出小计	6,992.47	12,995.79	30,862.64	41,439.63
筹资活动产生的现金流量净额	−6,992.47	−12,995.79	−20,862.64	−14,439.63

表 4-15　B 公司筹资活动的现金流量表

单位：万元

	2021 年	2020 年	2019 年	2018 年
吸收投资收到的现金	0.00	0.00	0.00	2,170.00
取得借款收到的现金	13,400.00	22,700.00	8,300.00	2,200.00
收到其他与筹资活动有关的现金	5,579.61	0.00	0.00	0.00
筹资活动现金流入小计	18,979.61	22,700.00	8,300.00	4,370.00
偿还债务支付的现金	14,430.00	11,408.00	2,850.00	9,205.59
分配股利、利润或偿付利息所支付的现金	841.05	803.60	567.64	507.72
筹资活动现金流出小计	15,271.05	12,211.60	3,417.64	9,713.31
筹资活动产生的现金流量净额	3,708.56	10,488.40	4,882.36	−5,343.31

报表分析

　　A 公司筹资活动产生的现金净流量近几年一直为负数，表明 A 公司的资金流非常好，已经不需要靠筹资过日子，且能够给投资者分配利润。

　　B 公司筹资活动产生的现金净流量，2018 年为 −5,343.31 万元，主要原因是当年筹资活动现金流入 4,370 万元，偿还债务 9,205.59 万元。截至 2021 年 10 月 31 日，B 公司筹资活动现金流量净额 3,708.56 万元，主要原因是当年筹资活动流入 18,979.61 万元，筹资活动流出现金 15,271.05 万元。B 公司近几年的经营状况不是很理想，又在进行大规模的投资，所以不得不靠筹资过日子。

影响企业短期偿债能力的其他因素

衡量企业的短期偿债能力不能仅看报表上的数据，还要考虑报表上没有体现却会影响企业短期偿债能力的一些因素。

1. 提高企业短期偿债能力的主要因素

（1）可动用的银行贷款指标

可动用的银行贷款指标是银行已同意、企业未办理贷款手续的银行贷款限额，该限额可以随时增加企业的现金，提高企业的支付能力，但这一指标并不反映在财务报表中，只在董事会决议中披露。

（2）准备很快变现的非流动资产

非流动资产通常不能用来偿还短期债务。但企业如果有一些准备变现的长期资产，如目前出租的房产、储备的土地和未使用的采矿权等，可以在资金周转困难时，在不影响自身经营的情况下，将其出售，获取资金，从而提高企业的短期偿债能力。

（3）企业偿债信誉

如果企业的偿债信誉好，在企业资金出现困难的时候，就很容易筹集到资金或者获取对方的延期，这样也可以提高企业的短期偿债能力。

2. 降低企业短期偿债能力的主要因素

（1）或有负债

如果企业有担保或未决诉讼，就有产生或有负债的可行性，如果或有负债的金额比较大，又没有在报表中确认，一旦或有负债变成真实债务，对企业短期偿债能力的影响是比较大的。

（2）经营租赁合同中承诺的付款

经营租赁和融资租赁不一样，经营租赁不在资产负债表中体现，但如果经营租赁的金额很大，合同签订的期限比较长，曾经的承诺就很可能变成需要偿付的义务，这在一定程度上会降低企业的短期偿债能力。

（3）建造合同、长期资产购置合同中的分阶段付款

建造合同、长期资产购置合同中的分阶段付款，相当于我们贷款买房的每月按揭，通常不在企业的资产负债表中体现，但也是企业的一种承诺和需要偿还的债务。如果此类付款的金额比较大，也会影响企业的短期偿债能力。

报表中的管理问题——短期偿债能力分析

1. 有钱的日子才好过

企业是否有钱，是衡量企业短期偿债能力强弱的最主要因素。所以，我们才会通过分析企业的现金比率和现金流量比率，得出企业到底有多少钱能用于偿还到期的债务。

如果企业日常的现金流量不足，日子一定很难过。收入是企业现金的第一来源，想增加现金流量，必须先增加企业的销售额。

如果你企业的销售额是 1 亿元，那么你不可能有 1 亿元的现金储备，因为成本、费用和税金会"吃掉"这 1 个亿中的很多部分，"吃"得越多，利润就越少，企业现金的存量也就越少。

如果企业的经营现金流量很多，也不要急于投资。钱放在手里虽然不生钱，但投出去，如果收不回来，就是实实在在的亏损。

例如，你的企业有 1 亿元的现金，这 1 亿元是销售 10 亿元剩下来的利润。但如果投出去后，收不回来，这意味着你还需要再有 10 亿元的销售额，才能弥补这次的损失。

所以，投资投好了是馅饼，投不好是陷阱。企业有钱，日子才好过，否则，一旦债主上门，你的日子就很难过了！

2. 做好比率

无论是流动比率、速动比率、现金比率还是现金流量比率，都是从报表上提取的数据，它们只能在某一层面上说明某些问题。企业要想实实在在地提高短期偿债能力，还需要靠全体员工共同的努力。

如果企业销售上去了，回款快了，现金流入自然多了。

如果企业存货少了，应收账款少了，比率自然就健康了。

如果企业成本降低了，利润增加了，并且利润都能变成钱，现金自然就很充足了。

好的比率是企业经营成果的反映和衡量，也是所有员工共同努力的结果。企业应找对方法，调动起全体员工的积极性，从而实现利润的最大化。

chapter **5**

从长期负债指标
看企业资本结构
——你用好借来的钱了吗

阿基米德曾经说过："给我一个支点，我能撬动地球。"太极拳也有"四两拨千斤"的说法。两者都是在讲借力。如果从企业的角度来讲，就是要学会用别人的资金赚钱。长期负债就是所谓的"支点""四两"，可如果你不懂得如何去"撬"，也不知道怎么去"拨"，长期负债就会变成一座大山，毫不留情地把企业压倒。

▪ 资产与负债的博弈：有资产不代表有实力

企业资金按照时间的长短，可分为短期资金与长期资金。长期资金中有股东的钱，也有债权人的钱。因为股东的钱是不需要偿还的，所以对企业威胁比较大的是债权人的钱。

其实，企业借钱的主要目的是用借来的钱去赚钱。如果资金成本是 5%，而用该资金投资能获取超过 5% 的收益，那么企业就算是有利可图。如果企业经营不善，没有收益或者收益低于 5%，那么企业还本付息的压力就比较大了。

企业有资本不代表有实力，关键还要看资本的构成。

假设 A 企业的资本是 100 亿元，80 亿元是负债，20 亿元是所有者权益，那么该企业实际上已经资不抵债。

假设 B 企业的资本只有 10 亿元，但 10 亿元都是自有资本，没有一分钱的负债，企业的规模虽然不如 A 企业，但日子一定比 A 企业要好过。

长期负债是把双刃剑，不利用长期负债资金，企业很难快速地发展起来，因为资金是决定企业发展速度的主要因素之一。但负债过高对企业来说也不是什么好事，企业每走一步，都要扛着它，弄不好还被拖垮。

通常情况下，衡量长期偿债能力的财务比率有存量比率和流量比率两类。存量比率有资产负债率、产权比率、权益乘数和长期资本负债率等指标，流量比率有利息保障倍数、现金流量利息保障倍数和现金流量债务比等指标。

分析资产负债率

资产负债率是负债总额占资产总额的百分比。

资产负债率的公式表述如下：

$$资产负债率 = 负债 \div 资产 \times 100\%$$

资产负债率反映企业资产总额中有多大比例是负债。例如，企业的资产总额为 10 亿元，企业的负债为 5 亿元，那么，该企业的资产负债率为 50%。

资产负债率可以衡量企业在清算时对债权人利益的保障程

度。例如，企业的资产负债率为 40%，资产总额为 20 亿元，那么，企业的负债为 8 亿元，这表明企业有 12 亿元的资产来保障 8 亿元的负债偿还。

资产负债率越低，企业偿债能力越有保障。如果企业的资产负债率超过了 50%，那么企业的资产中有一半以上都是负债资金，这个时候，金融机构贷款给此类企业是非常不安全的，因为资产变现时，很多情况下会被打折扣。

例如，企业资产总额为 1 亿元，资产负债率为 60%，这意味着企业有 6,000 万元的负债，如果企业 1 亿元的资产变现后只值 5,000 万元，并且这 5,000 万元全部用于偿还债权人，债权人仍有 1,000 万元的债务没有任何保障。

不同行业的资产负债率不同，这要看企业资产的类别和性质。房地产行业的资产负债率通常都比较高，但服务类的企业没有太多的负债。

下面我们来看 A 公司与 B 公司的资产负债率的情况，如表 5-1 所示。

表 5-1　A 公司与 B 公司的资产负债率对比表

	2021 年	2020 年	2019 年	2018 年
A 公司	44.49%	40.54%	40.58%	45.12%
B 公司	46.59%	41.39%	27.98%	21.57%

┌─ **报表分析** ─────────────────────

A 公司的资产负债率近几年在 40.54% ~ 45.12% 浮动，截至 2021 年 10 月 31 日，A 公司的资产负债率为 44.49%。从这个趋势我们可以看出，A 公司的资产负债率变动幅度不大，一直保持在 45% 左右。

B 公司的资产负债率近几年的变化幅度比较大，浮动区间为 21.57% ~ 46.59%。B 公司资产负债率增加的主要原因是经营活动产生现金流量的能力很低，企业供血不足，同时企业还在大规模投资，不得不通过借债来维持生计。

└──────────────────────────────

分析产权比率

产权比率是负债总额与股东权益的比率。

产权比率的公式表述如下：

$$产权比率 = 负债总额 \div 股东权益$$

产权比率能反映 1 元股东权益借入的债务数额。

例如，企业资产总额为 10 亿元，其中负债为 5 亿元，股东权益为 5 亿元，则产权比率为 1。这表明，企业 1 元的股东权益需要借入 1 元的负债资金。

当一家企业没有任何资本的时候，很少有银行会给企业贷款，当企业的自有资本越多，对银行借款的保障越高的时候，能借入的资金也就越多。

如果某企业的产权比率为 2，则表明该企业 1 元的股东权益借入了 2 元的负债资金。

我们来看一下 A 公司与 B 公司产权比率情况，如表 5-2、表 5-3 所示。

表 5-2　A 公司的产权比率表

	2021 年	2020 年	2019 年	2018 年
负债总额（万元）	59,103.51	45,288.59	41,156.56	47,991.60
股东权益（万元）	71,790.05	64,402.17	58,136.41	54,755.72
资产总额（万元）	130,893.56	109,690.76	99,292.97	102,747.32
产权比率	0.82	0.70	0.71	0.88

表 5-3　B 公司的产权比率表

	2021 年	2020 年	2019 年	2018 年
负债总额（万元）	30,000.64	25,801.63	14,882.11	10,096.70
股东权益（万元）	29,736.75	32,009.63	33,274.23	32,011.21
资产总额（万元）	59,737.39	57,811.26	48,156.34	42,107.91
产权比率	1.01	0.81	0.45	0.32

┌─ **报表分析** ─────────────────────────┐

　　A 公司的产权比率比较稳定，近几年在 0.70 ~ 0.88 浮动，截至 2021 年 10 月 31 日，A 公司的产权比率为 0.82，这表明 A 公司 1 元钱的权益资金能借入 0.82 元的债务资金。

　　B 公司的产权比率近几年的变动幅度比较大，在 0.32 ~ 1.01 浮动，截至 2021 年 10 月 31 日，B 公司的产权比率为 1.01，这表明 B 公司 1 元钱的权益资金借入了 1.01 元的债务资金，B 公司的财务风险还是比较大的。对于 B 公司来说，应该尽量减少债务资金的使用量。

　　B 公司虽然近几年的资产总额一直在增加，从 2018 年的 42,107.91 万元增加到 2021 年 10 月的 59,737.39 万元，但资产增加是以负债增加为代价的，近几年 B 公司权益总额不但没有增加，反而处于下降的状态，主要原因在于 B 公司近几年的盈利状况不好，无法为股东积累权益资金。

└────────────────────────────────────┘

分析权益乘数

　　权益乘数是总资产与股东权益的比率，其公式表述如下：

$$权益乘数 = 总资产 \div 股东权益$$

权益乘数表明 1 元股东权益拥有的总资产的数额。

例如，企业资产总额为 1 亿元，负债为 5,000 万元，股东权益为 5,000 万元。

则，权益乘数为：10,000÷5,000=2。

这表明 1 元的股东权益拥有 2 元的总资产。

我们来看一下 A 公司与 B 公司的权益乘数情况，如表 5-4、表 5-5 所示。

表 5-4　A 公司的权益乘数表

	2021 年	2020 年	2019 年	2018 年
负债总额（万元）	59,103.51	45,288.59	41,156.56	47,991.60
股东权益（万元）	71,790.05	64,402.17	58,136.41	54,755.72
资产总额（万元）	130,893.56	109,690.76	99,292.97	102,747.32
权益乘数	1.82	1.70	1.71	1.88

表 5-5　B 公司的权益乘数表

	2021 年	2020 年	2019 年	2018 年
负债总额（万元）	30,000.64	25,801.63	14,882.11	10,096.70
股东权益（万元）	29,736.75	32,009.63	33,274.23	32,011.21
资产总额（万元）	59,737.39	57,811.26	48,156.34	42,107.91
权益乘数	2.01	1.81	1.45	1.32

.----- **报表分析** ------

A 公司的权益乘数近几年变动幅度不大，这表明企业的财务风险变动幅度也不大。因为企业负债越多，权益乘数越大，风险越大。截至 2021 年 10 月 31 日，A 公司的权益乘数为 1.82，这表明 A 公司 1 元的股东权益拥有 1.82 元的总资产。

B 公司的权益乘数近几年变动幅度比较大，2018 年最低为 1.32，截至 2021 年 10 月 31 日的数据最高，为 2.01。这表明 B 公司的财务风险比较大，因为企业的负债一直处于增长的状态，尤其是在企业盈利能力不强的情况下，负债的增加对企业来说是个很大的压力。

分析长期资本负债率

长期资本负债率是指非流动负债占长期资本的百分比。其公式表述如下：

长期资本负债率＝非流动负债／（非流动负债＋股东权益）×100%

长期资本负债率反映企业长期资本的结构，由于流动负债的数额经常变化，资本结构管理大多使用长期资本结构。企业的长期资金主要是股权资金的长期债权资金。

例如，企业股东权益为 1 亿元，短期债务（流动负债）为 1,000 万元，长期债务（非流动负债）为 3,000 万元。

则，长期资本负债率为：3,000÷（10,000+3,000）≈23%。

这表明企业 1 元的长期资本中有 0.23 元是债务资金。

下面我们来看一下 A 公司与 B 公司的长期资本负债率的情况，如表 5-6、表 5-7 所示。

表 5-6 A 公司的长期资本负债率表

	2021 年	2020 年	2019 年	2018 年
流动负债（万元）	57,902.85	44,460.55	41,156.56	47,991.60
非流动负债（万元）	1,200.66	828.04	0.00	0.00
负债总额（万元）	59,103.51	45,288.59	41,156.56	47,991.60
股东权益（万元）	71,790.05	64,402.17	58,136.41	54,755.72
资产总额（万元）	130,893.56	109,690.76	99,292.97	102,747.32
长期资本负债率	1.60%	0.01%	0.00%	0.00%

表 5-7 B 公司的长期资本负债率表

	2021 年	2020 年	2019 年	2018 年
流动负债（万元）	20,122.24	20,901.63	13,624.11	9,238.70
非流动负债（万元）	9,878.40	4,900.00	1,258.00	858.00
负债总额（万元）	30,000.64	25,801.63	14,882.11	10,096.70
股东权益（万元）	29,736.75	32,009.63	33,274.23	32,011.21
资产总额（万元）	59,737.39	57,811.26	48,156.34	42,107.91
长期资本负债率	24.94%	0.15%	0.04%	0.03%

报表分析

（1）负债结构比较

A 公司的负债多半属于流动负债，非流动负债很少，这表明企业长期偿债能力非常强。B 公司的负债中流动负债的比例比非流动负债高，企业非流动负债从 2018 年的 858.00 万元已经增加到 9,878.40 万元。而 B 公司截至 2021 年 10 月 31 日的销售额为 16,327.37 万元，利润总额为 −2,019.75 万元，所以，B 公司的还债压力是非常大的。

（2）长期资本负债率比较

A 公司的长期资本负债率很低，所以偿还长期债务并没有压力；B 公司目前的长期资本负债率很高，截至 2021 年 10 月 31 日的为 24.94%，这意味着企业 1 元的长期资本中约有 0.25 元是长期债务资金。所以，B 公司的长期偿债压力比较大。

■ 长期债务保障程度分析：偿债有保障，运营才正常

企业为了能如期偿还长期债务的本金和利息，需要有相应的

资金作为保障，保障程度越高，企业偿还长期债务的能力就越强。

用来衡量企业偿还长期债务保障程度的比率有利息保障倍数、现金流量利息保障倍数和现金流量债务比。

利息保障倍数

利息保障倍数是息税前利润与利息费用的比值。其公式表述如下：

$$利息保障倍数 = 息税前利润 \div 利息费用$$
$$= （净利润 + 利息费用 + 所得税费用）\div$$
$$利息费用$$

息税前利润 = 净利润 + 利息费用 + 所得税费用，反映的是企业在没有支付债权人利息和企业的所得税之前的利润。

如果企业息税前利润等于利息费用，那么利息保障倍数等于1，表明企业的税前利润为零，企业所获取的利润仅仅够支付借款的利息，并不能为股东带来任何收益。

企业的利息保障倍数越大，利息支付就越有保障。如果企业连利息都还不起，那么偿还本金基本上就没指望了。

下面我们来看一下 A 公司与 B 公司的利息保障倍数的情况，如表5–8、表5–9所示。

表 5-8　A 公司的利息保障倍数计算表

	2021 年	2020 年	2019 年	2018 年
主营业务收入（万元）	142,190.80	132,868.04	151,679.28	139,411.88
利息费用（万元）	−262.41	−125.10	756.67	1,235.20
利润总额（万元）	20,766.94	19,536.41	15,106.35	15,682.32
所得税（万元）	5,575.61	5,391.72	3,501.26	6,499.98
净利润（万元）	14,991.32	13,869.20	10,984.12	8,730.32
息税前利润（万元）	20,504.53	19,411.31	15,863.02	16,917.52
利息保障倍数	无穷大	无穷大	20.97	13.70

表 5-9　B 公司的利息保障倍数计算表

	2021 年	2020 年	2019 年	2018 年
主营业务收入（万元）	16,327.37	18,414.22	15,111.81	19,224.10
利息费用（万元）	709.57	724.08	473.19	447.22
利润总额（万元）	−2,019.75	−872.66	1,868.16	4,693.62
所得税（万元）	17.98	113.86	266.81	229.88
净利润（万元）	−2,224.72	−1,290.51	1,263.02	4,369.02
息税前利润（万元）	−1,310.18	−148.58	2,341.35	5,140.84
利息保障倍数	−1.85	−0.21	4.95	11.50

----- 报表分析 -----

　　A 公司的利息保障倍数非常大。2020 年与 2021 年的利息费用为负数的主要原因是 A 公司没有长期借款

利息，银行里的存款比较多，所以利息费用为负数，利息保障倍数计算下来是无穷大。

B 公司的利息保障倍数 2018 年最好，为 11.50。2020 年和 2021 年的利息保障倍数为负数，这表明企业已经没有偿还利息的保障能力，因为税前是亏损的。所以，B 公司想提高利息保障倍数，就必须实现企业盈利。

现金流量利息保障倍数

现金流量利息保障倍数，是经营现金流量与利息费用的比值。其公式表述如下：

现金流量利息保障倍数 = 经营现金流量 ÷ 利息费用

现金流量利息保障倍数能反映 1 元的利息费用有多少经营现金流量作为保障。例如，企业的现金流量利息保障倍数为 20，这表明 1 元的利息费用有 20 元的现金流量作为保障。所以，现金流量利息保障倍数越大越好。

下面，我们来分析一下 A 公司与 B 公司的现金流量利息保障倍数，如表 5-10、表 5-11 所示。

表 5-10　A 公司的现金流量利息保障倍数计算表

	2021 年	2020 年	2019 年	2018 年
利息费用（万元）	−262.41	−125.10	756.67	1,235.20
经营活动现金净流量（万元）	27,191.69	28,986.10	16,773.20	13,868.86
现金流量利息保障倍数	无穷大	无穷大	22.17	11.23

表 5-11　B 公司的现金流量利息保障倍数计算表

	2021 年	2020 年	2019 年	2018 年
利息费用（万元）	709.57	724.08	473.19	447.22
经营活动现金净流量（万元）	−790.53	171.54	51.70	−245.02
现金流量利息保障倍数	−1.11	0.24	0.11	−0.55

┌---- 报表分析 -------------------------------------┐

　　A 公司的现金流量利息保障倍数 2020 年与 2021 年为无穷大，原因是利息费用为负数。从近几年的数据来看，A 公司偿还利息的能力很强，2020 年与 2021 年已经没有偿还利息的负担。

　　B 公司的现金流量利息保障倍数很不理想，因为企业经营活动产生现金流量的能力很弱。2018 年与 2021 年为负数，只有 2019 年与 2020 年为正数，且企业的利息费用近几年基本呈增长态势。所以，B 公司的长期偿债能力是非常弱的。

└--┘

现金流量债务比

现金流量债务比，是指经营活动所产生的现金净流量与债务总额的比率。其公式表述如下：

$$现金流量债务比 = 经营现金流量 \div 债务总额$$

公式中的债务总额，通常情况下为年末和年初的平均数，也可以使用期末数，其数据来源为资产负债表。

现金流量债务比反映企业经营活动产生的现金流量对全部债务的偿还能力，该比率越高，企业的偿债能力就越强。

下面，我们来看一下 A 公司与 B 公司的现金流量债务比的情况，如表 5-12、表 5-13 所示。

表 5-12　A 公司的现金流量债务比计算表

	2021 年	2020 年	2019 年	2018 年
负债总额（万元）	59,103.51	45,288.59	41,156.56	47,991.60
经营活动现金净流量（万元）	27,191.69	28,986.10	16,773.20	13,868.86
现金流量债务比	0.46	0.64	0.41	0.29

表 5-13　B 公司的现金流量债务比计算表

	2021 年	2020 年	2019 年	2018 年
负债总额（万元）	30,000.64	25,801.63	14,882.11	10,096.70
经营活动现金净流量（万元）	−790.53	171.54	51.70	−245.02
现金流量债务比	−0.03	0.01	0.00	−0.02

> **报表分析**
>
> A 公司的现金流量债务比近几年的变化区间为 0.29 ~ 0.64。截至 2021 年 10 月 31 日的为 0.46，这表明 A 公司每 1 元的负债有 0.46 元的经营现金流量作为保障。
>
> B 公司的现金流量债务比近几年的变化区间为 –0.03 ~ 0.01。从 2018 年开始，B 公司的债务一直在增加，但经营活动产生的现金却没有明显增加，截至 2021 年 10 月 31 日的竟为 –790.53 万元。从该指标来看，企业没有偿还债务的能力。所以，B 公司要想办法实现自身的盈利，只有这样，企业才可能顺利地经营下去。

影响长期偿债能力的其他因素

采用报表上数据计算的比率只能从某种程度上反映企业的长期偿债能力，企业经营过程中还有很多没有在报表上体现的因素，这些因素也会对企业长期偿债能力产生影响，主要有长期租赁、对外担保和未决诉讼。

1. 长期租赁

长期租赁不是融资租赁。融资租赁形成的负债大多会反映在资产负债表中,但企业的长期租赁则不会反映在资产负债表中。

当一家企业的长期租赁量和租赁金额比较大时,就形成了一种长期性筹资,这种长期性筹资到期时,企业必须支付固定的租金,这会对企业的长期偿债能力产生一定的影响。

所以,如果企业经常发生租赁性业务,而且金额较大、时间较长时,管理者一定要考虑到租赁费用对企业偿债能力的影响。

2. 对外担保

在分析企业短期偿债能力的时候,我们也谈到了对外担保的问题。如果企业对外担保的项目很多且时间长短不同,那么,涉及短期的就将影响企业的短期偿债能力,涉及长期的就会影响企业的长期偿债能力。企业应该根据有关资料进行分析,不要让对外担保影响企业的偿债能力。

3. 未决诉讼

企业的未决诉讼一旦判决败诉,就会影响企业的偿债能力,所以在评价企业长期偿债能力时,还要考虑未决诉讼的潜在影响,防患于未然。

报表中的管理问题——提升企业长期偿债能力

1. 确定企业的资本结构

企业的资本结构反映的是企业资产中负债资金与权益资金的比例关系。我们可以通过资产负债率、产权比率和权益乘数来分析企业的资本结构。

企业要发展需要资金，但不是什么钱都能拿。我们前面讲过，拿钱是有代价的。虽然股东期望的回报率比债权人的高，但股东的钱不需要支付利息，企业没有破产的压力。

负债资金的确能产生财务杠杆的作用，能够帮助企业解决发展中的资金问题，但银行家从来都是"锦上添花"，而不会"雪中送炭"。所以负债有风险，适度很重要。

企业应该确定债务比率的警戒线，控制企业的财务风险，形成良好的企业资本结构。

2. 提高息税前的利润水平

一家企业不能盈利是没法长久生存下去的，对于上市企业来说，最大的压力来自所有的股民，他们希望企业每年都能有很好的业绩，但企业经营所面临的风险是巨大的，不见得每年都有好业绩。

想让企业一直赚钱，从不赔钱，是一件很难实现的事情。所以，很多上市企业的业绩压力很大。有压力是好事，有压力才有动力。企业想提高自身的长期偿债能力，必须提高息税前利润水平。在企业没有支付利息和企业所得税之前，盈利水平越高，企业的净利润也就越高。

3. 增加经营现金净流量

我们在现金流量表一章中，曾经讲过企业的现金流由三部分构成：一是经营现金流量，二是投资现金流量，三是筹资现金流量。

经营现金流量是企业主要经营活动产生的现金流量，如果经营现金流量为零或者负数，就像一个人造血器官坏掉了，只能靠输血过日子，这样的日子是没办法长久的。

想提高企业的长期偿债能力，关键还要有现金作为保障，因此，企业应努力提高自身的经营现金净流量。

chapter **6**

从运营效率
看资产创造价值的能力
——你的资产"跑"得够快吗

商场是一个没有硝烟的战场，如果企业想活得更好，就必须比自己的竞争对手跑得更快。资产是企业在商场上快速奔跑的工具，只有资产有效地运转起来，企业才能长久地生存下去。

■ 运营效率分析：你的资产运转得快吗

对于企业来说，不论是资产，还是资源，都要好好利用，这样才能创造更大的价值。对于企业资产运营的分析，我们要着重分析的是资产运营的效率。因为，低效率一定不会产生高效益，高效益是高效率的必然产物。

企业资产运营效率分析，常用的指标是总资产周转率、资产周转天数等。

总资产周转率

总资产周转率是指企业在一定时期业务收入净额同平均资产总额的比率，有三种计算方式：总资产周转次数、总资产周转天数、总资产与收入比。

1. 总资产周转次数

总资产周转次数表示总资产在一年中周转的次数。其公式表述如下：

$$总资产周转次数 = 销售收入 ÷ 总资产$$

在销售利润率不变的情况下，周转的次数越多，产生的利润越多。总资产周转次数也可以理解为每 1 元的总资产投资能产生多少销售收入，产生的销售收入越多，表明资产使用和管理的效率就越高。

下面我们来看一下 A 公司与 B 公司的总资产周转次数的情况，如表 6-1 所示。

表 6-1　A 公司与 B 公司的总资产周转次数对比表

	2021 年	2020 年	2019 年	2018 年
A 公司	1.16	1.25	1.46	1.30
B 公司	0.26	0.32	0.30	0.41

报表分析

A 公司每 1 元的资产投资所产生的销售收入，2018 年是 1.30 元，2019 年是 1.46 元，2020 年是 1.25 元，截至 2021 年 10 月 31 日的是 1.16 元。在这四年中，资产管理效率最好的是 2019 年，最差的是 2021 年。对 A 公司来说，首先要做的事情是分析 2021 年没有 2019 年做得好的原因，即效益降低的原因在哪里。

B 公司每 1 元的资产投资所产生的销售收入，2018 年是 0.41 元，2019 年是 0.30 元，2020 年是 0.32 元，截至 2021 年 10 月 31 日的是 0.26 元，可以说是一年不如一年。为什么会这样呢？原因是资产增长的速度比销售收入增长的速度快，所以，B 公司应该增加销售收入，或者将没有生产能力的资产进行处置。

2. 总资产周转天数

总资产周转天数反映总资产周转一次所需要的时间。其公式表述如下：

$$总资产周转天数 =365÷ 总资产周转次数$$

资产周转天数越短，表明资产的使用效率越高，盈利能力越强。

我们下面来看一下 A 公司与 B 公司的总资产周转天数的情况，如表 6–2 所示。

表 6-2　A 公司与 B 公司的总资产周转天数对比表

	2021 年	2020 年	2019 年	2018 年
A 公司	315	292	250	281
B 公司	1,403	1,140	1,217	890

报表分析

　　A 公司的资产周转一次所用的时间，2018 年为 281 天，截至 2021 年 10 月 31 日的为 315 天；而 B 公司的资产周转一次所用的时间，2018 年为 890 天，截至 2021 年 10 月 31 日的为 1403 天。同样是资产，运转的效率相差巨大，这就是有的企业赚钱，有的企业亏损的主要原因之一。理论上来讲，同一类型的企业应该有相近的总资产周转天数。

3. 总资产与收入比

总资产与收入比表示 1 元收入需要的总资产投资。其公式表述如下：

$$总资产与收入比 = 总资产 ÷ 销售收入$$

当销售收入相同时，企业需要的投资越少，表明企业总资产的使用效率越高，盈利性越好。

下面，我们来看一下 A 公司与 B 公司的总资产与收入比的情况，如表 6-3 所示。

表 6-3　A 公司与 B 公司的总资产与收入比对比表

	2021 年	2020 年	2019 年	2018 年
A 公司	0.862	0.889	0.685	0.770
B 公司	3.874	3.125	3.334	2.439

报表分析

A 公司每 1 元的销售收入所需要的投资额，2018 年为 0.770 元，2019 年为 0.685 元，2020 年为 0.889 元，截至 2021 年 10 月 31 日的为 0.862 元。由此可见，A 公司资产的管理效率及盈利能力是非常强的。

B 公司每 1 元的销售收入所需要的投资额，2018 年为 2.439 元，2019 年为 3.334 元，2020 年为 3.125 元，截至 2021 年 10 月 31 日的为 3.874 元。由此可见，B 公司资产的盈利能力非常低，并且在逐年下降。

企业的资产分为流动资产和非流动资产，资产运营效率取决于流动资产和非流动资产的运营效率，无论哪种资产的运营效率，都会影响企业总资产的运营效率。

流动资产周转率

流动资产周转率是销售收入与流动资产的比值，其有三种计算方式：流动资产周转次数、流动资产周转天数、流动资产与收入比。

1. 流动资产周转次数

流动资产周转次数反映的是流动资产一年周转的次数，或者说是 1 元流动资产所支持的销售收入，其公式表述如下：

$$流动资产周转次数 = 销售收入 \div 流动资产$$

销售收入相同的情况下，流动资产越少，流动资产周转的次数越多。

我们下面来看一下 A 公司与 B 公司的流动资产周转次数的情况，如表 6-4 所示。

表 6-4　A 公司与 B 公司的流动资产周转次数对比表

	2021 年	2020 年	2019 年	2018 年
A 公司	1.73	2.31	3.45	1.88
B 公司	0.84	0.87	1.00	1.31

报表分析

A 公司流动资产的周转次数最多的时候是 2019 年，为 3.45；最少的时候是 2021 年 10 月 31 日，为 1.73。B 公司最多的时候是 2018 年，为 1.31；最少的时候是 2021 年 10 月 31 日，为 0.84。

对于 A 公司来说，2021 年 10 月 31 日，1 元的流动资产可以为企业创造 1.73 元的销售收入，其流动资产创造价值的能力比较强；但是对于 B 公司来说，2021 年 10 月 31 日，1 元的流动资产投资只能创造 0.84元的销售收入，其流动资产创造价值的能力非常低。

---

2. 流动资产周转天数

流动资产周转天数表示流动资产周转一次所需要的时间，也是期末流动资产转换成现金平均所需要的时间。其公式表述如下：

流动资产周转天数 =365÷ 流动资产周转次数

流动资产周转次数越少，流动资产周转天数越长。

我们下面来看一下 A 公司与 B 公司的流动资产周转天数比较情况，如表 6–5 所示。

表 6-5　A 公司与 B 公司的流动资产周转天数对比表

	2021 年	2020 年	2019 年	2018 年
A 公司	210.98	158.01	105.80	194.15
B 公司	434.52	419.54	365.00	278.63

报表分析

　　A 公司的流动资产周转天数，2018 年约为 194 天，2019 年约为 106 天，2020 年约为 158 天，截至 2021 年 10 月 31 日的约为 211 天，周转速度越来越慢。

　　B 公司的流动资产周转天数，2018 年约为 279 天，2019 年为 365 天，2020 年约为 419 天，截至 2021 年 10 月 31 日的约为 434 天，其周转速度越来越慢，且比 A 公司慢了一半。这意味着同样的一笔资金，在 A 公司那里能比在 B 公司那里多赚 1 倍的钱。

3. 流动资产与收入比

　　流动资产与收入比表示1元销售收入所需要的流动资产投资。其公式表述如下：

$$流动资产与收入比 = 流动资产 ÷ 销售收入$$

　　销售收入相同的情况下，流动资产越多，流动资产与收入比越大。

下面我们来看一下 A 公司与 B 公司的流动资产与收入比的情况，如表 6-6 所示。

表 6-6 A 公司与 B 公司的流动资产与收入比对比表

	2021 年	2020 年	2019 年	2018 年
A 公司	0.58	0.43	0.29	0.53
B 公司	1.19	1.15	1.00	0.76

> **报表分析**
>
> 近 4 年，A 公司的流动资产与收入比基本处于增长状态，2019 年 1 元收入仅需要 0.29 元的流动资产，但在 2021 年 10 月 31 日，1 元的收入就需要 0.58 元的流动资产，这表明其流动资产的获利能力在降低。
>
> B 公司的流动资产从 2019 年开始就不能再为企业赚取利润了，到了 2021 年 10 月 31 日，为了取得 1 元的销售收入，企业需要投入 1.19 元的流动资产，这是企业一直不能盈利的主要原因。

非流动资产周转率

非流动资产周转率是销售收入与非流动资产的比值，其有三种计算方式：非流动资产周转次数、非流动资产周转天数、非流动资产与收入比。

1.非流动资产周转次数

非流动资产周转次数反映非流动资产一年周转的次数，或者说是1元非流动资产所获取的销售收入。其公式表述如下：

$$非流动资产周转次数 = 销售收入 \div 非流动资产$$

在销售收入相同的条件下，非流动资产越少，非流动资产周转次数越多。

下面我们来看一下 A 公司与 B 公司的非流动资产周转次数的情况，如表 6-7 所示。

表 6-7　A 公司与 B 公司的非流动资产周转次数对比表

	2021 年	2020 年	2019 年	2018 年
A 公司	2.80	2.46	2.64	4.33
B 公司	0.36	0.45	0.40	0.60

报表分析

A 公司的非流动资产的获利能力在下降，因为其周转速度从 2018 年的 4.33 降到了 2021 年 10 月 31 日的 2.80。我们前面讲到，这家公司的流动资产获利的能力也在降低。因此我们可以说，A 公司资产的获利能力在下降，企业应努力提升资产的运营效率。

B 公司作为与 A 公司同一类型的企业，其非流动资产的周转次数与 A 公司相差很远，所以，B 公司应加强对非流动资产运营效率的管理。

2. 非流动资产周转天数

非流动资产是相对于流动资产而言的，是指企业中不能在 1 年内变现的资产，一般包括固定资产、在建工程、无形资产等长期资产。非流动资产周转天数反映非流动资产周转一次所需要的时间，也是期末非流动资产转换成现金平均所需要的时间。其公式表述如下：

$$非流动资产周转天数 = 365 \div 非流动资产周转次数$$

下面我们来看看 A 公司与 B 公司的非流动资产周转天数的情况，如表 6-8 所示。

表 6-8 A 公司与 B 公司的非流动资产周转天数对比表

	2021 年	2020 年	2019 年	2018 年
A 公司	130.36	148.37	138.26	84.30
B 公司	1,013.89	811.11	912.50	608.33

报表分析

B 公司的非流动资产在 2021 年 10 月 31 日周转一次需要近 3 年的时间，相比而言，A 公司的非流动资产一年可以周转近 3 次。所以，企业管理效率的差异不仅仅反映在流动资产中，也反映在非流动资产中。

3. 非流动资产与收入比

非流动资产与收入比，能反映 1 元销售收入所需要的非流动资产投资额。其公式表述如下：

$$非流动资产与收入比 = 非流动资产 \div 销售收入$$

非流动资产相同的情况下，销售收入越多，非流动资产与收入比越小。

我们下面来看看 A 公司与 B 公司的非流动资产与收入比的情况，如表 6-9 所示。

表 6-9　A 公司与 B 公司的非流动资产与收入比对比表

	2021 年	2020 年	2019 年	2018 年
A 公司	0.36	0.41	0.38	0.23
B 公司	2.76	2.24	2.52	1.67

┌───┐
报表分析

　　虽然 A 公司总资产的盈利能力在下降，但下降的主要原因是流动资产获利能力下降，非流动资产的获利能力还是不错的。从表 6–9 中，我们可以看出 A 公司这几年的非流动资产与收入比基本呈上升趋势。

　　B 公司的非流动资产与收入比，2018 年为 1.67，截至 2021 年 10 月 31 日的为 2.76，这说明 B 公司从 2018 年到现在就不具有创造利润的能力。
└───┘

流动资产与非流动资产的比例关系

　　企业所有的资金最后都会变成两种类型的资产：一种是流动资产，另一种是非流动资产。流动资产与非流动资产的比例关系也是企业管理的重点内容之一。

　　下面我们来看一下 A 公司与 B 公司的流动资产与非流动资产的比例关系，如表 6–10、表 6–11 所示。

表 6–10　A 公司的流动资产与非流动资产的比例关系表

	2021 年	2020 年	2019 年	2018 年
资产总额（万元）	132,834.24	111,721.43	101,410.65	106,357.42
流动资产（万元）	82,065.22	57,607.09	43,963.44	74,142.22

（续表）

	2021 年	2020 年	2019 年	2018 年
非流动资产（万元）	50,769.02	54,114.34	57,447.21	32,215.20
流动资产占总资产的比例	61.78%	51.56%	43.35%	69.71%
非流动资产占总资产的比例	38.22%	48.44%	56.65%	30.29%
主营业务收入（万元）	142,190.80	132,868.04	151,679.28	139,411.88

表 6-11　B 公司的流动资产与非流动资产的比例关系表

	2021 年	2020 年	2019 年	2018 年
资产总额（万元）	64,379.56	62,335.68	53,194.25	46,807.48
流动资产（万元）	19,375.70	21,144.09	15,143.20	14,629.48
非流动资产（万元）	45,003.86	41,191.59	38,051.05	32,178.00
流动资产占总资产的比例	30.10%	33.92%	28.47%	31.25%
非流动资产占总资产的比例	69.90%	66.08%	71.53%	68.75%
主营业务收入（万元）	16,327.37	18,414.22	15,111.81	19,224.10

报表分析

　　截至 2021 年 10 月 31 日，A 公司的流动资产有 82,065.22 万元，B 公司的流动资产仅为 19,375.70 万元，其中，A 公司的货币资金有 4.2 亿元，比 B 公司的全部流动资产还要多 2 倍左右。

　　截至 2021 年 10 月 31 日，A 公司的非流动资产占总资产的 38.22%，B 公司的非流动资产占总资产的 69.90%，但 A 公司的销售收入是 B 公司的 8.7 倍。

对于 B 公司来说，需要合理配置企业流动资产与非流动资产的比例，如果企业非流动资产过高，而营业收入却不增加，企业的经营风险会比较大，因为，企业一旦陷入债务危机，非流动资产很难变现。

■ 提升资产运营效率：转得快，才能赚得快

对资产的总体运营效率，我们可以从总资产、流动资产和非流动资产的角度进行分析。但有的时候难免会觉得模糊，因为流动资产和非流动资产所包含的内容很多。

例如，流动资产包括现金、应收账款、存货、其他应收款、预付账款等内容，非流动资产包括固定资产、在建工程、无形资产等内容。

如果从整体角度去分析，还是不能明确到底是哪些因素在影响资产的运营效率。所以，我们还要将影响因素一一进行分解。

下面我给大家介绍几个对于大多数企业来说都很重要的财务指标，如果你的企业在日常管理中还涉及除以下几个指标以外的

因素，你可以参照下面的方法对其进行分析。因为，分析的基本原理是相同的，不同的只是分析对象而已。

应收账款周转率

应收账款周转率是应收账款与销售收入的比率。计量方式有应收账款周转次数、应收账款周转天数和应收账款与收入比。

1. 应收账款周转次数

应收账款周转次数表示应收账款一年周转的次数，说明 1 元应收账款投资获取的销售收入。其公式表述如下：

$$应收账款周转次数 = 销售收入 \div 应收账款$$

相同的销售收入，企业应收账款越少，应收账款的周转速度就越快。

下面我们来看看 A 公司与 B 公司的应收账款周转次数，如表 6-12 所示。

表 6-12 A 公司与 B 公司的应收账款周转次数对比表

	2021 年	2020 年	2019 年	2018 年
A 公司	1,535.82	1,735.08	1,544.17	404.76
B 公司	3.73	5.29	3.52	5.63

┌─ **报表分析** ─────────────────────────┐

　　A 公司应收账款周转次数为什么如此之高，是因为 A 公司应收账款特别少，截至 2021 年 10 月 31 日才 168 万元。

　　B 公司应收账款的周转次数为什么这么低？是因为 B 公司的应收账款非常多，销售收入增长慢，但应收账款的增长速度却很快，截至 2021 年 10 月 31 日的应收账款为 5,439.37 万元。

└───────────────────────────────────────┘

2. 应收账款周转天数

应收账款周转天数，也称为应收账款的收现期，反映的是从销售开始到回收现金平均需要的天数。其公式表述如下：

$$应收账款周转天数 = 365 \div 应收账款周转次数$$

下面我们来看看 A 公司与 B 公司的应收账款周转天数，如表 6-13 所示。

表 6-13　A 公司与 B 公司的应收账款周转天数对比表

	2021 年	2020 年	2019 年	2018 年
A 公司	0.24	0.21	0.24	0.90
B 公司	97.86	69.00	103.69	64.83

报表分析

A 公司的应收账款非常少，基本上属于现金当天收款。

B 公司的应收账款非常多，其应收账款周转天数，截至 2021 年 10 月 31 日时需要约 98 天。这意味着，B 公司一直在为客户垫付资金，卖出去的产品不仅没有利润，钱收回的速度还很慢。

---

3. 应收账款与收入比

应收账款与收入比，可以反映 1 元销售收入需要的应收账款投资额。其公式表述如下：

$$应收账款与收入比 = 应收账款 \div 销售收入$$

下面我们来看一下 A 公司与 B 公司的应收账款与收入比以及应收账款的情况，如表 6-14、表 6-15 所示。

表 6-14　A 公司与 B 公司的应收账款与收入比对比表

	2021 年	2020 年	2019 年	2018 年
A 公司	0.000 65	0.000 58	0.000 65	0.002 47
B 公司	0.27	0.19	0.28	0.18

表 6-15　A 公司与 B 公司的应收账款对比表

单位：万元

	2021 年	2020 年	2019 年	2018 年
A 公司	168.58	16.59	136.57	59.89
B 公司	5,439.37	3,307.91	3,649.80	4,939.69

报表分析

　　A 公司 1 元销售收入需要的应收账款几乎为零，但 B 公司 1 元的销售收入在 2021 年 10 月 31 日时需要 0.27 元的应收账款。

　　B 公司 2018 年的应收账款是 4,939.69 万元，2019 年是 3,649.80 万元，2020 年是 3,307.91 万元，到了 2021 年 10 月 31 日为 5,439.37 万元。所以 B 公司一定要减少应收账款，否则资金流就会出现问题。

应付账款收款率

　　应付账款收款率反映企业应付账款的流动程度，计算方式有应付账款周转率、应付账款周转天数、应付账款与营业成本比。

1. 应付账款周转率

应付账款周转率表明 1 元应付账款的投资形成了多少主营业务成本。其公式表述如下：

$$应付账款周转率 = 主营业务成本 \div 应付账款 \times 100\%$$

下面我们来看一下 A 公司与 B 公司应付账款周转率，如表 6-16 所示。

表 6-16　A 公司与 B 公司的应付账款周转率对比表

	2021 年	2020 年	2019 年	2018 年
A 公司	3.33%	4.99%	6.04%	6.76%
B 公司	4.31%	8.42%	4.20%	5.07%

报表分析

A 公司与 B 公司应付账款的周转率在逐渐下降，这意味着企业占用供应商资金的能力在下降。

应付账款的周转率通常情况下越高越好，因为应付账款作为负债资金来源的一种，通常情况下是没有利息的。但企业也不能长期地占用供应商的资金，还是要按规矩来，该付款的时候一定要付款，否则时间长了就没人给企业供货了。

2. 应付账款周转天数

应付账款周转天数的公式表述如下：

$$应付账款周转天数 = 365 ÷ 应付账款周转率$$

下面我们来看一下 A 公司与 B 公司的应付账款周转天数的情况，如表 6–17 所示。

表 6–17　A 公司与 B 公司的应付账款周转天数对比表

	2021 年	2020 年	2019 年	2018 年
A 公司	109.61	73.15	60.43	53.99
B 公司	84.69	43.35	86.90	71.99

报表分析

　　A 公司销售的商品基本不允许赊账，但付给供应商货款的周期却很长，截至 2021 年 10 月 31 日时的应付账款的周转天数达到了 109 天左右，这意味着，A 公司从采购材料到付款的时间约为 109 天，A 公司用别人的钱赚取利润的方法值得我们学习。

　　B 公司截至 2021 年 10 月 31 日时的应收账款的周转天数为 97.86 天，应付账款的周转天数为 84.69 天。这意味着企业在经营环节一直在垫支资金，从往来款项上来看，其并没有能利用供应商的货款去赚钱。

3. 应付账款与营业成本比

应付账款与营业成本比反映的是 1 元钱的应付账款需要营业成本的投资额，其公式表述如下：

应付账款与营业成本比 = 应付账款 ÷ 营业成本

下面我们来看一下 A 公司与 B 公司的应付账款与营业成本比的对比情况，如表 6-18 所示。

表 6-18　A 公司与 B 公司的应付账款与营业成本比对比表

	2021 年	2020 年	2019 年	2018 年
A 公司	0.30	0.20	0.17	0.15
B 公司	0.23	0.12	0.24	0.20

报表分析

我们为什么要用营业成本与应付账款进行比较？因为企业采购的所有物资，首先要变成存货，然后经过生产加工变成产品，最后核算的时候结转为营业成本。

A 公司应付账款与营业成本的比例逐年在增加，这表明企业每 1 元应付账款所需要的营业成本的投资在增加。

B 公司在 2020 年应付账款与营业成本的比值最低，

到了 2021 年 10 月 31 日的时候，该比值又增加了近 1 倍，这表明 B 公司在给供应商付款方面的政策变动是比较大的。

存货周转率

存货周转率是销售收入与存货的比值，涉及的指标有存货周转次数、存货周转天数、存货与收入比。

1. 存货周转次数

存货周转次数反映 1 元钱的存货能为企业创造的收入额。其公式表述如下：

$$存货周转次数 = 销售收入 \div 存货$$

下面我们来看一下 A 公司与 B 公司的存货周转次数的情况，如表 6-19 所示。

表 6-19　A 公司与 B 公司的存货周转次数对比表

	2021 年	2020 年	2019 年	2018 年
A 公司	5.49	3.95	5.62	6.77
B 公司	2.65	2.96	2.75	3.77

报表分析

截至 2021 年 10 月 31 日，A 公司 1 元钱的存货能为企业创造 5.49 元的销售收入，而 B 公司 1 元钱的存货，只能为企业创造 2.65 元的销售收入。

如果企业存的货不赚钱，存货就没有实际的意义了，存货赚的钱应该是越高越好，所以存货周转率也是越高越好。

但这个指标只能说明 1 元钱的存货获取收入的能力，收入是否能变成现金还是未知数。所以，企业在提高存货周转率的前提下，还要加强资金的回笼管理。

2. 存货周转天数

存货周转天数反映从购进原材料到产品销售出去所需要的时间。其公式表述如下：

$$存货周转天数 = 365 \div 存货周转次数$$

我们下面来看一下 A 公司与 B 公司的存货周转天数的情况，如表 6-20 所示。

表 6-20　A 公司与 B 公司的存货周转天数对比表

	2021 年	2020 年	2019 年	2018 年
A 公司	66.48	92.41	64.95	53.91
B 公司	137.74	123.31	132.73	96.82

报表分析

A 公司的存货周转天数 2018 年最低，约为 54 天；2020 年最高，约为 92 天；到了 2021 年 10 月 31 日时降为 66 天左右，这表明 A 公司在存货管理方面采取的措施起到了一定的效果。

B 公司的存货周转天数 2018 年最低，约为 97 天；截至 2021 年 10 月 31 日时最高，约为 138 天。虽然 A、B 两家公司为同类企业，但是它们的存货周转天数相差很大。所以，B 公司应该加强对存货的管理，提高存货周转率，提高流动资产的周转效率，进而提高总资产的周转效率。

存货周转率下降了一定是坏事吗？这倒未必，因为当企业销量降低时，产量也在降低，产量降低的同时原材料需求也在降低。如果当期的销售收入都来自于原来的库存产品，那么，这个时候的存货周转的确会加快，但代价是企业产量持续下降。所以，企业在碰到存货周转率下降的问题时，先不要着急，而是要具体问题具体分析。

3. 存货与收入比

存货与收入比，反映 1 元的销售收入需要存货的投资额。其公式表述如下：

$$存货与收入比 = 存货 ÷ 销售收入$$

下面我们来看一下 A 公司与 B 公司的存货与收入比的情况，如表 6-21 所示。

表 6-21　A 公司与 B 公司的存货与收入比对比分析

	2021 年	2020 年	2019 年	2018 年
A 公司	0.18	0.25	0.18	0.15
B 公司	0.38	0.34	0.36	0.27

报表分析

截至 2021 年 10 月 31 日，A 公司获取 1 元的收入，只需要 0.18 元的存货投资就够了；而 B 公司却需要 0.38 元，是 A 公司的两倍多。

存货与收入比自然是越低越好，最好为零，那就是我们常说的无本生利。存货与收入比为零时，意味着企业已经实现零库存管理。在国内，美的集团已经实现了零库存管理；在国外，戴尔公司也已经实现了零库存管理。美的集团的存货都在供应商那里，而戴尔公司的存货都在流动的货车上。

现金周转天数

现金周转天数与应收账款周转天数、存货周转天数、应付账款周转天数有关。现金周转天数的公式表述如下：

$$现金周转天数 = 应收账款周转天数 + 存货周转天数 -$$
$$应付账款周转天数$$

下面我们来看一下 A 公司与 B 公司的现金周转天数的情况，如表 6-22、表 6-23 所示。

表 6-22　A 公司的现金周转天数表

	2021 年	2020 年	2019 年	2018 年
应收账款周转天数	2.24	0.21	0.24	0.90
存货周转天数	66.48	92.41	64.95	53.91
应付账款周转天数	109.61	73.15	60.43	53.99
现金周转天数	−42.89	19.47	4.76	0.82

表 6-23 B 公司的现金周转天数表

	2021 年	2020 年	2019 年	2018 年
应收账款周转天数	97.86	69.00	103.69	64.83
存货周转天数	137.74	123.31	132.73	96.82
应付账款周转天数	84.69	43.35	86.90	71.99
现金周转天数	150.91	148.96	149.52	89.66

报表分析

现金周转天数这个数值是越低越好，数值越低表明企业的资金周转速度越快，从购进原材料到收到货款的时间越短。

截至 2021 年 10 月 31 日，A 公司的现金周转天数是负数，这看似不正常，实际上反映出的是 A 公司应付账款周转天数实在太高，也表明 A 公司的现金流非常好，不仅销售出去的产品能立刻变成现金，而且还能利用供应商的货款去投资。

B 公司现金周转天数最好的时候是 2018 年，约为 90 天；最差的时候是 2021 年 10 月 31 日，约为 151 天。这些数据表明 B 公司的资金正处于比较紧张的状态，从材料入库到收到货款需要近半年的时间。B 公司必须降低应收账款的周转天数，尽量采取现金销售的方式，

> 同时也要加强对存货的管理，因为存货占用资金太多，变现时间太长，会严重影响资金的周转。

报表中的管理问题——提升资产管理效率

1. 企业为什么不赚钱

企业不赚钱的原因，一是销售的产品没有利润，在做赔本的生意；二是资产周转效率过低。

有的时候，我们只盯着产品是否赚钱，却忽视了资产的周转效率。我们知道，权益净利率＝销售利润率 × 资产周转率。如果你的销售利润实在提不上去，但还想取得更高的权益净利率的话，还可以尝试通过提高资产周转率来实现。

2. 如何提高资产周转率

提高资产周转率的方法有以下三个：

第一，资产不变的情况下，增加销售收入，这相当于提升资产创造收入的能力。

第二，收入不变的情况下，减少资产，就相当于为企业瘦身，将不能创造收入的资产砍掉。

第三，让收入的增长率大于资产的增长率，这相当于后续增加的资产创造收入的能力超过前期资产创造收入的能力，这样的话，企业整体资产的周转率就会提高。

3. 如果收入不能增加，减少流动资产

通常情况下，企业的非流动资产是不可以减少的，除非是闲置的厂房设备、废弃的在建工程和无用的无形资产。

那么，从管理的角度，我们还可以采取哪些办法呢？减少流动资产。流动资产金额的减少可以从降低应收账款、减少存货着手。

4. 如何减少现金的周转天数

现金的周转天数越短，意味着企业的资金流越充裕，企业的资产运营效率越高。那么，企业要如何加强对现金周转天数的管理呢？可以从以下几个方面着手。

（1）减少应收账款的周转天数

减少应收账款的周转天数要从企业的销售政策着手，如果你企业的产品赊给别人，别人都不要的话，那想减少应收账款很难，除非你可以让你的产品像苹果手机一样，遭到疯狂抢购，否则你应收账款的天数一定降不下来。所以，应收账款周转天数的减少不单单涉及财务政策的问题，还涉及产品质量和营销推广等综合性的问题。

（2）减少存货的周转天数

存货的周转天数其实和企业战略、生产进度、采购计划、销

售情况息息相关。企业要从战略上对库存管理有明确的定位，如企业是采取零库存管理还是多库存管理。

如果企业采取零库存的管理模式，管理者就需要对采购、生产、销售等重点环节的预测、调控及管理有着极好的掌控力。

如果企业采取的是多库存的管理模式，管理者需要衡量的是存货的成本和收益之间的关系。管理者一定要提高存货的周转率，采购进来的材料不要有太多的积压，除非你是在囤货。生产出来的产品要能及时销售出去，否则你的钱最后都会变成货。你要记住，货品值不值钱是市场说了算，不是你说了算。

（3）增加应付账款的周转天数

现金周转天数 = 应收账款的周转天数 + 存货的周转天数 - 应付账款的周转天数。所以，想提高现金的周转天数，可以增加应付账款的周转天数，但现在的企业都很看重现金流，那么要如何才能推迟付款呢？

最好的办法是把企业变成供应商的好朋友，让供应商觉得即使企业没能按时支付货款，你的企业依然是最值得合作的伙伴。所以，关键还要看你的企业是一家什么样的企业，你的企业在供应商那里的形象如何。

chapter **7**

从价值评估看企业的身价
——你的家底值多少

很多时候我们都用价格来衡量价值，其实，价格没法衡量价值，价格只能从经济层面体现价值而已。价格有的时候会高于价值，有的时候会低于价值。但正因为有高有低，才给投资和并购提供了利润空间和交易动机。

■ 企业的价值衡量：从比率看价值

在市场经济时代，对企业价值的衡量相对来说还是比较容易的，从管理学的角度来讲，企业价值的衡量有统一的标准和衡量方法。

常用的方法有市价比率分析法、现金流量折现法和相对价值评估法。本节重点介绍市价比率分析法，其可分解为对市盈率、市净率和市销率的分析。

市盈率分析

市盈率是普通股每股市价与每股收益的比率，反映普通股股东愿意为每1元净利润所支付的价格。其公式表述如下：

$$市盈率 = 每股市价 \div 每股收益$$

市盈率越高，股东的投资风险越大。

1. 每股收益

每股收益反映普通股股东持有企业 1 股股票所获取的收益额。其公式表述如下：

$$每股收益 = 普通股股东净利润 \div 流通在外普通股加权平均数$$

下面我们来看一下 A 公司与 B 公司的每股收益情况，如表 7–1 所示。

表 7–1　A 公司与 B 公司的每股收益对比表

单位：元

	2021 年	2020 年	2019 年	2018 年
A 公司	0.49	0.65	0.59	0.73
B 公司	−0.12	−0.07	0.07	0.24

报表分析

A 公司在 2018 年的时候每股收益最高，为 0.73 元，这意味着持有 A 公司 1 股股票在 2018 年能取得 0.73 元的收益，到了 2021 年 10 月 31 日，收益有所下降，每股收益仅为 0.49 元。

2018 年 B 公司的每股收益为 0.24 元，但随着盈利的下降，每股收益也越来越低，截至 2021 年 10 月 31 日时的每股收益为 -0.12 元，企业处于亏损状态。所以，B 公司要加强管理，尽快让企业有盈利，这样才能使每股收益有所提高。

2. 每股市价

每股市价反映了投资者对企业未来收益情况的预测，当投资者预测某企业未来收益很好时，就会购买该企业的股票。

下面我们来看一下 A 公司与 B 公司的每股市价的情况，如表 7-2 所示。

表 7-2　A 公司与 B 公司的每股市价表

单位：元

	2021 年	2020 年	2019 年	2018 年
A 公司	34.40	26.38	15.87	28.48
B 公司	10.13	10.43	5.09	21.19

报表分析

股票的价格多变，并且变化的原因有很多，有时是经济原因，有时是政治原因，有时是政策原因，有时是管理原因，总之股价时刻都在变。

以股价来计量的价值也时刻在变，因为股价在变。我们不要看资本市场上说谁的企业市值多少，那是在某个时点上，过了这个时点，再经历一些事件后，谁还能知道它价值几何？

A 公司的每股市价每年都不同，时而跌，时而涨，但最低时也有 15.87 元，B 公司的每股市价相对比较低，最低时只有 5.09 元。

3. 市盈率

因为市价总是变动的，所以市盈率也总是变动的，市盈率的变动反映的是企业风险的高低。通常情况下，市盈率越高，企业的风险也就越大。

市盈率这个指标用途很广，除了用来衡量企业风险外，在企业上市定价环节中也经常使用到，而且是常用的方法之一。那么，企业应该如何使用它呢？

上市前，企业的每股收益是可以计算出来的。上市时，证监会会对企业发行价格使用的市盈率进行审核，根据市盈率和每股收益，就可以计算出股票的发行价格。例如，同类企业的平均市盈率为 28，企业上市前的每股收益为 0.8 元，那么发行价格为：

28 × 0.8 = 22.4（元）。

下面我们来看一下 A 公司与 B 公司的市盈率的情况，如表
7–3 所示。

表 7–3　A 公司与 B 公司的市盈率对比表

	2021 年	2020 年	2019 年	2018 年
A 公司	70.20	40.58	26.90	39.01
B 公司	−82.83	−149.00	72.71	88.29

报表分析

　　A 公司 2019 年的市盈率最低，为 26.90，原因在
于 2019 年该行业内部出现了比较大的丑闻，导致 A 公
司受到了一定的波及，对股市产生了消极的影响。到了
2021 年 10 月 31 日，A 公司的市盈率达到了 70.20，这
是一个非常高的数字，这意味着股东要为每股 1 元的
盈余支付 70.20 元。理论上来说，这种情况很难持久，
股价一定会降温，市盈率也会降下来的（仅代表作者
观点）。

　　通常情况下，市盈率为 20 是比较正常的，但是股
市上往往投机的比投资的多，所以，市盈率总能出现惊
人的高水平。

B 公司在 2018 年、2019 年的市盈率都非常高，到了 2020 年和 2021 年 10 月 31 日，因为企业持续亏损的原因，市盈率已经出现了负数。股东对其进行投资的风险已经非常高了。

市净率分析

1. 每股净资产

每股净资产反映每只普通股享有的净资产数，其公式表述如下：

每股净资产＝普通股股东权益÷流通在外普通股股数

下面我们来看一下 A 公司与 B 公司的每股净资产的情况，如表 7-4 所示。

表 7-4　A 公司与 B 公司的每股净资产对比表

单位：元

	2021 年	2020 年	2019 年	2018 年
A 公司	2.36	4.04	3.98	3.39
B 公司	1.63	1.76	1.83	1.76

> **报表分析**
>
> A 公司的每股净资产，在 2020 年的时候最高，为 4.04 元，这意味着当时持有 1 股 A 公司的股票，可以享有 4.04 元的净资产。到了 2021 年 10 月 31 日，其每股净资产相对比较低，降到了每股 2.36 元，原因是 2021 年 7 月 30 日时，A 公司实施了买 10 股送 6 股的方案，导致普通股股数增加，每股净资产自然就降下来了。
>
> B 公司，因为近 4 年一直没有配股和送股的方案，所以其股数没有大的变动，每股净资产变动幅度也比较小。

2. 市净率

市净率是指普通股每股市价与每股净资产的比率，其反映普通股股东愿意为每 1 元净资产所支付的资本。市净率的公式表述如下：

$$市净率 = 每股市价 \div 每股净资产$$

我们下面来看一下 A 公司与 B 公司的市净率的情况，如表 7-5 所示。

表7-5　A公司与B公司的市净率对比表

	2021 年	2020 年	2019 年	2018 年
A 公司	14.58	6.53	3.99	8.40
B 公司	6.21	5.93	2.78	12.04

┌╌╌ **报表分析** ╌╌╌╌╌╌╌╌╌╌╌╌╌╌╌╌╌╌╌╌╌╌╌╌╌

　　A公司的市净率近几年基本处于上升的趋势，这表明股东愿意为企业每1元的净资产支付的资本在增加。

　　B公司的市净率2018年最高，为12.04；2019年最低，为2.78。到了2021年10月31日，其市净率增加到了6.21，这意味着股东愿意为B公司1元的净资产支付6.21元。这个比值虽然不高，但有风险，风险在于B公司资产创造利润的能力并不强。

└╌╌╌╌╌╌╌╌╌╌╌╌╌╌╌╌╌╌╌╌╌╌╌╌╌╌╌╌╌╌╌╌╌╌╌╌╌

　　市净率对一些上市很多年的企业来说很有用，因为管理者可以比较不同时期的市净率，进而判断市场对企业的预期。但是对于新上市的或者还没有上市的企业，市净率的意义就没那么大了。

市销率分析

　　市销率（或称为收入乘数）是指普通股每股市价与每股销

售收入的比率，反映普通股股东愿意为每 1 元销售收入支付的资金。其公式表述如下：

$$市销率 = 每股市价 \div 每股销售收入$$

每股市价前面我们已经讲过，这里不再详细介绍。下面主要介绍每股销售收入和市销率。

1. 每股销售收入

每股销售收入反映 1 只股票创造销售收入的能力。其公式表述如下：

$$每股销售收入 = 销售收入 \div 流通在外普通股加权平均股数$$

我们下面来看一下 A 公司与 B 公司的每股销售收入的情况，如表 7–6 所示。

表 7–6　A 公司与 B 公司的每股销售收入对比表

单位：元

	2021 年	2020 年	2019 年	2018 年
A 公司	4.65	6.23	8.15	11.66
B 公司	0.90	1.00	0.84	1.06

--- **报表分析** ---

A 公司 2018 年的每股销售收入最高，达到了每股

11.66 元，到了 2021 年 10 月 31 日降到 4.65 元，主要原因是 A 公司在 2021 年 7 月 30 日实施了送股计划。

B 公司每股销售收入 2018 年的情况最好，为 1.06 元，到了 2021 年 10 月 31 日降为 0.90 元，变动幅度不是很大，因为 B 公司的股数近几年没有变化，变化的仅仅是销售收入，且销售收入的变化幅度也不大。

由于 A 公司和 B 公司股数相差较大，所以，在每股销售收入方面，两家企业之间不具有太强的可比性。

2. 市销率

市销率的最大特点是把价值和收入联系起来，在对企业进行价值评估的时候，不用考虑会计核算政策是否正确，是否需要支付股利等问题。

市销率的最大用途是对联营企业、分部以及新经济企业（如互联网、网上购物、生物技术企业等）的股票进行评估。因为这类企业资产总额比较少，很难用市净率进行评估，但这类企业的收入比较容易确认，适合用市销率来评估。

下面我们来看一下 A 公司与 B 公司的市销率的情况，如表 7-7 所示。

表 7-7　A 公司与 B 公司的市销率对比表

	2021 年	2020 年	2019 年	2018 年
A 公司	7.40	4.24	1.95	2.44
B 公司	11.29	10.44	6.08	20.07

报表分析

　　A 公司的市销率从 2018—2021 年基本处于上升的趋势，这表明投资者愿意为 A 公司每 1 元的销售收入所支付的资金越来越高，但该指标也不是越高越好，因为太高了，风险会比较大。A 公司是一家生产型企业，对其价值进行评估的最好方法应该是市净率。

　　B 公司的市销率在 2018 年最高，为 20.07，当然 2018 年 B 公司是盈利的，但随着经营业绩的下滑，市销率也在下降，所以投资者对它的热情降下来了。

　　如果用这个指标来衡量 A 公司和 B 公司的风险状况，那么，B 公司的风险一定比 A 公司大。市销率的最大优势在于相当程度上独立于会计政策和股利支付政策，因此，在评估联营企业、分部以及新经济企业（如互联网、网上销售、生物技术企业等）的股票时非常有用。因为只要有收入就行，其他的都可以暂时不看。

如果你是一位投资者，我建议你投资像 A 公司这样的资产非常优质的企业，因为该企业管理得很好，具有很高的投资价值。

如果你是一位投机者，我想你会选择 B 公司这样的企业，因为它的股价变动很大，有变动才有机会。这也是股市中很多 ST 股能涨停的主要原因，因为很多人不是在投资，而是在投机。

如果你是一位企业经营者，我建议你不要每天看股市，因为股价升了你很高兴，企业和你的价值都上去了，但升了也没用，因为不能变现就不算现金；要是股价跌了，钱瞬间就消失了。所以，不到最后，谁都不能说自己是赢家。企业能做的就是好好做管理，管理上去了，业绩一定能上去！业绩上去了，就不怕股价下跌。

■ 企业的价值评估：从管理看价值

从指标上去分析企业的价值，往往具有一定的局限性，尤其是对于没有上市的企业来说，没有一个公开的市场价格，很难采用相应的财务指标来分析。所以，在企业价值评估的问题上，我们还可以采用现金流量折现法和相对价值法。

现金流量折现法和相对价值法重点是对企业的管理进行评

估，能为管理者进行经营决策提供有用的信息。

如果说比率分析法是从外部去分析和衡量企业的价值，那么现金流量折现法和相对价值法就是从内部分析与评估企业的价值。

在了解这两种方法前，我们需要了解一下这两种方法的理论基础及出发点。

价值评估的目的

价值评估的目的是分析和衡量企业（或者企业内部的一个经营单位、分支机构）的公平市场价值并提供有关信息，以帮助投资人和管理者进行决策。

价值评估重在"估"而不是"算"，所以它并不完全科学，也可能会估错。

价值评估不承认市场是完全有效的，因为如果市场是完全有效的，市场价值就等于内在价值，评估就没有意义了。评估是为了找到被市场低估的资产，这样企业投资后才有获利的空间。

价值评估是为投资者和管理者服务的，投资者要寻找有潜力并被市场低估的企业去投资，管理者要从价值评估中确定自身的价值。

价值评估的对象

价值评估的一般对象是企业整体的经济价值，即企业作为一个整体的公平市场价值。

1.企业的整体价值不是简单做加法

企业的整体价值不能用各个部门的价值进行简单的相加，而要把企业当成一个整体来评估。

打个比方，如果你去衡量一个人的价值，你能把这个人的眼睛、鼻子、嘴巴、内脏的价值简单地加起来吗？当然不能，企业也是如此。企业是由各个部门组成的有机整体，企业价值不能被简单地分割和相加。只有各个部门有效地协作，才能为企业创造价值。企业最怕的是内耗，很多企业破产的原因便是内耗。

2.企业必须运转起来才有价值

马克思曾说过："劳动创造价值"。如果企业不运转，就没有存在的意义。企业运转起来才能创造价值，且企业部分的价值只有在总体中才能体现出来。

我们在开会的时候经常会遇到这样的现象，就是每个部门都说自己重要，都说自己的贡献最大。但是这种想法不对，其实，每个部门都要依靠其他部门的工作才能发挥出自身的力量。

如果没有生产，销售卖什么呢？

如果没有采购，生产用什么呢？

如果没有财务，采购哪里来的钱买东西呢？

所以，对于企业来说，每个部门都很重要，都是不可或缺的，只是每个部门的分工不同而已。

3. 经济价值是用现值来衡量的

经济价值不同于会计价值。会计价值是资产、负债和所有者权益的账面价值，即账面上有多少资产就是多少资产，有多少负债就是多少负债。而经济价值是企业未来现金流量的现值。

现值是管理者必须清楚和了解的基本概念，如果你现在有 1 元，存在银行的利率是 10%，1 年后你的存款就变成 1.1 元。那么当下的 1 元，即现值。1 年后的 1.1 元，即终值。而 10% 的利率，就是折现率。资金是有价值的，今天的 1 元不等于明天的 1 元，企业今年收入 100 万元与明年收入 100 万元也是不同的。所以，用现值来衡量企业的价值，是更加现实和客观的一种方法。

企业整体价值的分类

企业整体价值分为实体价值与股权价值、持续经营价值与清算价值、少数股权价值与控股权价值等。

1. 实体价值与股权价值

企业的实体价值是股权价值和债务价值之和。

这里的股权价值不是所有者权益的会计价值（账面价值），而是股权的公平市场价值。

例如，某企业账面上的所有者权益为2亿元，股权的公平市场价值为2.5亿元，则该企业的股权价值应按照公平市场价值2.5亿元来计算。

这里所说的债务价值不是债务的会计价值（账面价值），而是债务的公平市场价值。

例如，某企业债务的账面价值为5,000万元，债务的公平市场价值为5,500万元，则该企业的债务价值应按照公平市场价值5,500万元来计算。

实体价值在并购中的应用比较多，其变通公式如下：

买方的实际收购成本 = 股权成本 + 所承接的债务

例如，A企业收购B企业100%的股权，股权的成本为1亿元，但收购条件是A企业要替B企业清偿3,000万元的到期债务。那么，A企业收购B企业的实际成本 = 1 + 0.3 = 1.3（亿元）。

2. 持续经营价值与清算价值

企业的价值体现在哪里呢？主要体现在企业产生的现金流

上。所以，现金流的现值即企业的价值。

企业产生现金流的方式通常有两种：一种是由日常经营所产生的，折现后的价值被称为持续经营价值（简称续营价值）；另一种是停止经营，将企业资产进行处置所产生的，折现后的价值被称为清算价值。

通常情况下，我们评估的是企业的持续经营价值，只有在清算的时候才用到清算价值。

那么，一家企业的公平市场价值是哪种价值呢？答案是持续价值与清算价值中较高的那一个！

对于企业来说，如果持续经营的价值还不如清算价值高，那企业就应该清算了，已经没有存在的意义和价值了。

当然，也有企业明明应该清算，却还在苦苦支撑，因为所有者对企业还抱有幻想，还在期待奇迹的出现，毕竟是自己辛辛苦苦经营的企业，都不愿意眼睁睁地看着企业一下子没了。

3. 少数股权价值与控股权价值

少数股权价值和控股权价值在控股权没有参加市场交易前是没有区别的。

比如，股票市场每股股票的价格是 20 元，对于少数股东和控股股东来说，股票价值是他们各自拥有的股数与股票价格的乘积。

当控股权参加市场交易的时候，股票价格会发生很大的波动，通常情况下，股票价格会迅速地飙升。原因是投资者对企业并购都有一个比较好的预期，期待新的管理者接管企业后会为他们创造更多的价值。

当然，也有股价下跌的时候，如果投资者对控股权的交易不看好，认为新的管理者不能为他们创造价值，那么股价就会下跌。

在资本市场上，常用控股权溢价来衡量并购前后企业的价值情况，其公式表述如下：

$$控股权溢价 = V（新的）- V（当前）$$

V（新的）是指企业股票的公平市场价值，是指企业重组后可以为投资者带来的未来现金流量的现值。

V（当前）是指企业股票的公平市场价值，是指在现有条件下企业能够给投资者带来的现金流量的现值。

例如，控股权参与交易后，股票的价格由原来的 20 元上升到 25 元，企业的股数为 2 亿股。

则，控股权溢价为：（25 - 20）× 2 = 10（亿元）。

价值评估的方法

对于企业价值的评估，常用的方法有现金流量折现法和相对价值法。

1.现金流量折现法

（1）原理

任何资产的价值都是其产生的未来现金流量的现值。依据这个原理我们可知：

企业的股权价值＝股权现金流量现值合计

（折现系数，股权资本成本）

企业的实体价值＝实体现金流量现值合计

（折现系数，加权平均资本成本）

企业的债权价值＝债权现金流量现值合计

（折现系数，债权资本成本）

（2）现金流量折现法的计算步骤

现金流量折现法的计算步骤如下：

第一步，确定预测期间。

预测期间包括基期、预测期和后续期三个阶段，如表7-8所示。

表7-8　预算期间的三个阶段

基期	基期通常为预测工作的上一个年度。
预测期	在预测期间，需要对企业每年的现金流入和流出情况进行详细的预测。通常情况下预测期为 5 ~ 7 年。
后续期	后续期也可以称为永续期。在后续期，假设企业进入稳定的增长状态，且有一个稳定的增长率。

　　企业进入稳定状态的主要标志有两个：一是具有稳定的销售增长率，销售增长率大约等于宏观经济的名义增长率；二是具有稳定的投资资本回报率，回报率与资本成本接近。

　　例如，现在是 2021 年，假设对企业价值评估的预测工作从明年开始，预测期为 5 年，从第 6 年开始，企业将进入稳定的增长阶段，且增长率为 8%。

　　那么，该企业的基期为 2021 年，预测期为 2022—2026 年，后续期从 2027 年开始计算，且假设企业不会倒闭，会永远地存在下去。

　　第二步，估计企业的现金流量。

　　对企业现金流量的估计分为实体现金流量和股权现金流量。

　　实体现金流量的公式表述如下：

$$实体现金流量 = 税后经营利润 + 折旧与摊销 -$$
$$经营营运资本增加 - 资本支出$$
$$= 经营现金毛流量 - 经营营运资本增加 -$$
$$资本支出$$
$$= 经营现金净流量 - 资本支出$$
$$= 税后经营利润 + 折旧与摊销 - 本期总投资$$

　　其中涉及的经营现金毛流量、经营现金净流量、资本支出、本期总投资等指标，也各自有计算公式：

经营现金毛流量 = 税后经营利润 + 折旧与摊销

经营现金净流量 = 经营现金毛流量 - 经营营运资本增加

资本支出 = 净经营长期资产增加 + 折旧与摊销

本期总投资 = 经营营运资本增加 + 资本支出

例如，企业的税后经营利润为 5,000 万元，折旧与摊销为 500 万元，经营营运资本增加为 1,000 万元，资本支出为 2,000 万元。那么，我们可以得出如下数据：

实体现金流量 = 5,000 + 500 - 1,000 - 2,000 = 2,500（万元）

经营现金毛流量 = 5,000 + 500 = 5,500（万元）

经营现金净流量 = 5,500 - 1,000 = 4,500（万元）

因为企业的折旧与摊销不需要现金，但在计算净利润的时候已经扣除，所以，在计算现金流量的时候需要进行调增。

假设企业的资产负债表上，长期资产期初为 5,000 万元，期末为 6,800 万元，当期增加折旧为 200 万元。那么，我们可以得出以下数据：

净经营长期资产的增加 = 6,800 - 5,000 = 1,800（万元）

资本支出 = 1,800 + 200 = 2,000（万元）

因为，资产负债表上的数据是扣除折旧后的净额，但对其投资时已经计提的部分也是要花钱的，所以，资本支出是净经营长期资产的增加额和当期折旧额之和。

下面，我们来讲讲股权现金流量，其公式表述如下：

股权现金流量 = 实体现金流量 - 债权人现金流量

沿用上面的假设条件，企业当期支付银行借款利息为 500 万元，债权人现金流量为 500 万元，则股权现金流量为：2,000 - 500 = 1,500（万元）。

股权现金流量反映企业和股东之间发生的现金流入、流出，流出事项包括支付股东股利和回购股东持有的股票。在估算股权现金流的时候，我们假定收入全部用于支付股利。流入项目是股东向企业注资，增加企业的实收资本或股本额。

为了保持现金流与相应风险的统一，当我们估算企业实体现金流量的现值时，使用的是加权平均资本成本；当我们估算企业股权现金流量的现值时，使用的是股权资本成本。

沿用上面的例题资料，企业的加权平均资本成本为 12%，增长率为 6%。预测期间为 5 年，则企业 2021—2025 年的现金流量见表 7-9。

表7-9 企业实体现金流量计算表

单位：万元

	基期	2021年	2022年	2023年	2024年	2025年	2026年
实体现金流量		2,000	2,000	2,010	2,050	2,100	2,226
平均资本成本（%）		12	12	12	12	12	12
折现系数（12%）		0.892 9	0.797 2	0.711 8	0.635 5	0.567 4	0.567 4
预测期现金流量现值	7,305.233	1,785.8	1,594.4	1,430.718	1,302.775	1,191.54	1,263.032 4
后续期增长率						6.00%	6.00%
期末现金流量现值	22,313.572 4						39,326
总价值	29,618.805 4						

报表分析：

2026 年现金流量 = 2025 年现金流量 × 增长率

预测期（2021—2025 年）现金流量的现值 = 该预测期间实体现金流量 × 折现率

后续期终值（从 2026 年以后）

= 后续期实体现金流入 ×（1+ 增长率）÷（平均资本成本 − 增长率）

= 2,226 ×（1+6%）÷（12%−6%）

= 39,326（万元）

后续期现值 = 后续期终值 × 折现系数

= 39,326 × 0.567 4

= 22,313.572 4（万元）

企业价值 = 预测期现金流量现值 + 后续期现金流量现值

= 22,313.572 4 + 7,305.233

= 29,618.805 4（万元）

2. 相对价值评估法

（1）原理

相对价值评估法是运用一些基本的财务比率，来评估一家企业相对于另一家企业的价值。所以，评估出来的价值是相对价值，而非目标企业的实际价值。

这就像我们买房子，如果房子本身的价值不好评估，那么我们就可以找相同地区、相同地段、相同小区的，甚至于相同户型、相同楼层的房子进行对比。这样就可以大概判断出我们将要购买的房子的价值。

（2）假设前提

假设存在一个支配企业市场价值的主要变量（如净利等），当这个变量发生变动，企业的价值也会发生变动。

（3）基本方法

相对价值评估法的操作步骤如下：

首先，寻找一个影响企业价值的关键变量（如净利）；其次，确定一组可以进行比较的类似企业，计算可比企业的市价/关键变量的平均值（如平均市盈率）；最后，根据目标企业的关键变量（如净利）乘以得到的平均值（平均市盈率），计算目标企业的评估价值。

（4）估计企业的价值

企业价值的评估，常用的方法有三种：市盈率模型法、市净率模型法、收入乘数模型。

第一，市盈率模型法。

市盈率和目标企业每股价值的公式表述如下：

$$市盈率＝每股市价÷每股净利$$

$$目标企业每股价值＝可比企业平均市盈率×$$

$$目标企业的每股净利$$

例如，可比企业的平均市盈率为25，目标企业的每股净利为2元，那么，目标企业每股价值 =25×2=50（元）。

使用市盈率模型法的条件：每股净利一定大于零，且同类企业有类似的市盈率。

第二，市净率模型法。

市净率和股权价值的公式表述如下：

$$市净率＝市价÷净资产$$

$$股权价值＝可比企业平均市净率×目标企业净资产$$

例如，可比企业的平均市净率为1.5，目标企业的净资产为2亿元，那么，目标企业的股权价值 = 1.5×2 = 3（亿元）。

使用市净率模型法的条件：类似企业有相同的市净率，企业的净资产不能为负数。

第三，收入乘数模型。

收入乘数与目标企业股权价值的公式表述如下：

$$收入乘数＝股权市价÷销售收入＝每股市价÷每股销售收入$$

$$目标企业股权价值＝可比企业平均收入乘数×目标企业的销售收入$$

例如，可比企业的平均收入乘数为 15，目标企业的销售收入为 2 亿元，则目标企业的股权价值 = 15 × 2 = 30（亿元）。

使用收入乘数模型的条件：可比企业要有相同的收入乘数。

报表中的管理问题——企业价值衡量和评估

市场交易必然存在买方和卖方，在对企业价值进行衡量和评估前，我们需要做的事情是明确自己的立场，为自己谋求更多的利益。

1. 如果你是买方

如果你是买方，先看目标企业是一家什么样的企业，如果是上市企业，市场每天都有交易价格，你需要做的是评估一下这家企业值不值卖方提出的价格。

卖方的企业不见得都是上市企业，如果你面对的是一家非上市企业，那你对这家企业的估价相对而言就复杂一些。

通常有两种方案可供选择：第一，你可以请专业的评估机构对目标企业的价值进行评估；第二，你和你的团队对目标企业进行价值评估。

至于评估的原理和方法大同小异，关键还要看评估的流程和评估人的职业素质，以及你的决策能力和心理底线。因为价值是一个相对的概念，每个人都有不同的标准和答案，评估和分析只是给决策者提供判断的标准而已。

2. 如果你是卖方

（1）先问问自己别人为什么要买

我们通常情况下都会觉得自己的东西好，尤其是自己苦心经营的企业，但别人未必这样认为。所以，在卖之前我们要先问自己一个问题，别人为什么买？自己企业的价值在哪里？

（2）从买方的角度评估一下企业的价值

很多人都会犯这样一个毛病，卖东西的时候都想卖得高一些，本来很高了，还想更高。但买方不是傻瓜，每个人都有自己的判断标准。所以想卖得好，就要先把心态放好，从买方的角度去考虑问题，客观地评估一下自己企业的价值。

（3）问问自己为什么卖

有人说外国人做企业像养猪，养肥了就卖；中国人做企业像养孩子，舍不得卖。后者反映了很多民营企业老板的真实想法，一是舍不得，二是不知道卖了以后做什么。

所以，当你卖的时候想好自己为什么卖，是为了给企业找一个更好的"婆家"，还是为了大赚一笔，或者是为了甩掉一个包袱。这些因素将决定你的定价和与买方谈判时的成本底线。

chapter **8**

从杜邦分析法
看管理问题的根源
——你找准问题了吗

千里之堤，溃于蚁穴。任何企业的倒闭都不是一天两天的事，都是由长期存在的管理问题导致的。所以，我们需要为企业做定期的检查，一个指标一个指标地去分析，直到找到管理的"病根"为止。

■ 杜邦体系的特点：将问题层层分解

案例 我刚到北京的时候，曾在一家典当行工作过 1 年零 8 个月，那份工作对我的影响比较大，因为做典当工作让我变得更容易看清事情的真相，更容易了解人和事的本质。

当时我们典当行的领导，是从新疆过来的一位银行家，长得非常像赵本山，但和本山大叔不同的是，他不喜欢"忽悠"，从来不轻易许诺，对问题有着深刻的见解。

有一天，他和我谈起企业的一位副总，他是这样评价那位副总的："×总这个人，你让他做事没问题，他有足够的热情和专业能力，但他总是抱着事成了就成了、不成就拉倒的心态，从来不去分析问题，所以他处理问题的能力一直没有长进。人应该学着剖析问题，把问题层层分析了，答案自然而然就出来了。"

他的最后一句话给我很多启示，当我把这句话应用在日常工作中时，我发现，其实没有什么所谓的难题，只要你对问题一层层地进行剖析，到最后总能找到答案！

杜邦分析体系，其实就是这样一套分析体系，它把企业权益净利率逐层进行分解，分解到最后，你总能找到企业赚钱或者不赚钱的原因。

杜邦分析体系的内涵

杜邦分析体系是利用各主要财务比率之间的内在联系，对企业财务状况和经营成果进行综合、系统评价的方法。

由上述定义，我们可以得到以下信息：

杜邦分析体系的目的是评价企业的财务状况和经营成果，分析工具是主要的财务比率。

杜邦分析体系的特点

杜邦分析体系的特点是以权益净利率为龙头，以资产净利率和权益乘数为核心，以揭示企业的获利能力为目的。

从上述特点，我们可以得到以下信息：

杜邦分析体系的第一指标是权益净利率，也就是分析股东投资获取收益的水平和能力；杜邦分析体系的核心指标是资产净利率和权益乘数，即从企业资产盈利状况和财务风险的角度来分析企业的经营状况。

杜邦分析体系的公式

杜邦分析体系的公式如下：

权益净利率＝净利润÷股东权益（基本公式）

　　　　　＝资产净利率 × 权益乘数（第一层分解）

　　　　　＝净利润/销售收入 × 销售收入/总资产 ×

　　　　　　总资产/股东权益

　　　　　＝销售净利率 × 总资产周转率 × 权益乘数

　　　　　（第二层分解）

从上述公式，我们可以得出如下信息。

从第一层分解来看，影响股东权益净利率的两大因素为资产净利率和权益乘数。企业如果想提高股东权益净利率，只有两种方法：第一，让资产更能赚钱，即提高资产净利率；第二，利用财务杠杆的作用，多用别人的资金去赚钱，即增加权益乘数。

从第二层分解来看，影响资产净利率的两大因素为销售净利率和总资产周转率。企业如果想提高资产净利率，有两种渠道：第一，提高销售净利率，让产品盈利更多；第二，提高资产周转率，让资产周转得更快一些。

杜邦分析体系的基本构架图

杜邦分析体系的基本构架，如图 8-1 所示。

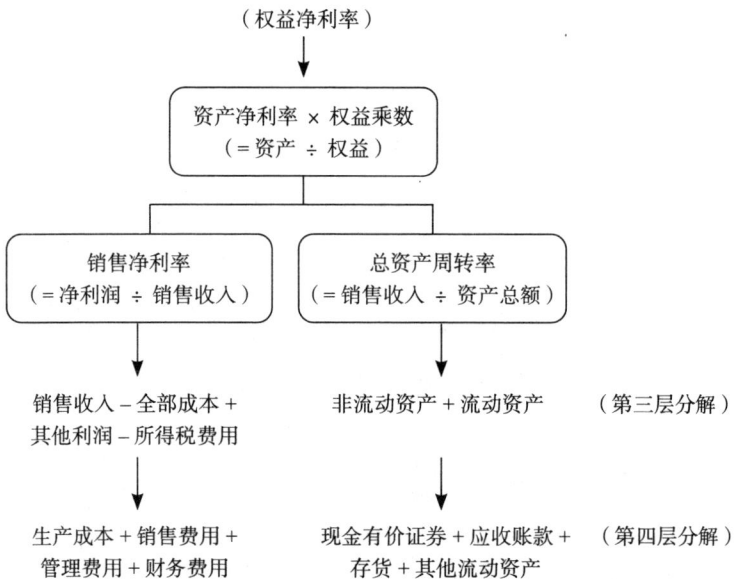

（权益净利率）

资产净利率 × 权益乘数
（＝资产 ÷ 权益）

销售净利率
（＝净利润 ÷ 销售收入）

总资产周转率
（＝销售收入 ÷ 资产总额）

销售收入－全部成本＋
其他利润－所得税费用

非流动资产＋流动资产 （第三层分解）

生产成本＋销售费用＋
管理费用＋财务费用

现金有价证券＋应收账款＋
存货＋其他流动资产 （第四层分解）

图 8-1 杜邦分析体系基本构架图

从杜邦分析体系的基本构架图中，我们可以得到以下信息：

权益净利率是果，每一层次的分解是因，股东想得到利润的果实，必须有好因。

1. 第三层的分解

（1）分析总资产周转率

总资产周转率的高低取决于三个主要因素：销售收入、流动资产、非流动资产。

在不能降低总资产的情况下，要想提高资产周转率，只能想办法增加销售收入；在营业收入不变的情况下，降低流动资产便能提高资产周转率；非流动资产对资产周转率的影响与流动资产相同。企业需要做的是，把那些对企业的收入和利润作出贡献的资产留下来，把那些不能产生效益的资产处理掉。

（2）分析销售净利率

销售净利率的高低取决于四个主要因素：销售收入、全部成本、其他利润、所得税费用。

如果企业销售收入增加了，销售利润率还是没有提上去，销售收入就没有意义。有些企业不惜以放弃利润为代价来换取市场份额，我们不能说这种策略不对，像京东商城就是用的这一招。只能说，企业各有所图。

成本是利润的减项，在同一收入水平下，成本自然是越低越好。所以，现在很多企业都开始重视成本控制，尤其在和竞争对手打价格战的时候，谁的成本下降空间最大，谁将是最后的赢家。

其他利润是企业非主营业务产生的利润，也是企业利润的主要来源之一，当很多上市企业主营业务亏损，且短时间也无法扭亏为盈时，其他利润就成了净利润的救命稻草。为了让财务报表做得更好些，有些企业就想尽办法增加其他利润。

所得税费用是国家和企业分享利润的一种方式，目前的基本分配比例为25%。

按照所得税法的计算方式，企业如果在税前盈利了1,000万元，那么当期应缴纳的税金为：1,000 × 25% = 250（万元）。

所得税作为利润的减项，自然是越低越好，但要注意，国家规定的比例一定是不能改变的。

2. 第四层的分解

全部成本的高低取决于生产成本、销售费用、管理费用、财务费用等四个因素。

生产成本是企业生产环节所发生的成本费用，通常情况下，企业会用生产成本来评价实际成本。

销售费用是企业为销售产品而发生的费用，费用发生部门一般为销售部门。对销售费用的控制，企业通常会采取预算限额的方式。

管理费用是对企业进行综合管理所发生的费用，企业对管理费用的控制，通常也采用预算限额的方式。

财务费用是企业与银行等金融机构之间发生的费用，通常为借款的利息、汇兑损益等项目。对财务费用的控制要从筹资决策开始，如果企业负债筹资比较高且前期已经确定，那么财务费用的支出就是固定的，没有办法减少。除非企业把借款还了，或者贷款银行决定降低贷款的利息率。

杜邦分析体系的缺点

杜邦分析体系的缺点在于不能将经营资产获利的情况与非经营资产获利的情况区别开来，不能反映经营资产获取收益的能力。因为，企业的净利润包括主营业务利润和其他利润，企业的总资产包括经营资产也包括非经营资产。而在使用杜邦分析体系的时候，没有对经营资产创造利润的能力进行具体分析。

我们为什么要对经营资产创造利润的能力进行分析呢？

如果企业的资产总额为 10 亿元，经营用资产为 8 亿元，非经营用资产为 2 亿元。经营资产获取的收益为 300 万元，非经营资产获取的收益为 700 万元。

我们会发现，经营资产获取收益的能力远没有非经营资产获取收益的能力强，而企业的核心竞争力应该在主业上，应该在经营资产的获利能力上。

如果企业使用杜邦分析体系的话，这个问题在指标分析中并不能体现出来。尤其是很多的上市企业，会利用非主营利润来粉饰主营业务，在这种情况下，很多投资者就会被企业的财务报表所欺骗。

■ 杜邦体系的妙用：将问题各个击破

虽然杜邦体系有缺点，但在对企业管理情况分析方面，还是目前比较主流的分析方法之一。

本书前面几章在讲到计算相关财务指标的时候，列举的公式所使用的数据，涉及资产类的大多用的是期末数据，如资产周转次数 = 销售收入 ÷ 总资产，公式中的总资产为期末的资产总额。但是，我们列举的 A 公司与 B 公司的数据，在计算财务指标的时候，涉及资产类的，使用的是年初和年末的平均数，如资产周转次数 = 销售收入 ÷ 平均总资产，公式中的平均总资产是年初资产与年末资产的平均值。

至于采取哪种方法更合适，目前行业内争论也比较多，我们这里不进行深入探讨。但需要注意的是，企业一旦确定采用数据的方法，就不要轻易变动，否则在比较企业各个期间的同一指标或不同企业的同一指标时，会因口径不统一，而产生数据的偏差。

下面我们用杜邦分析体系来分析一下 A 公司与 B 公司的经营状况。

杜邦分析体系的运用之 A 公司

我们用杜邦分析体系对 A 公司的财务指标进行分析，如表 8–1 所示。

表 8–1　A 公司的杜邦分析表

	2021 年	2020 年	2019 年	2018 年
权益净利率	20.88%	21.54%	18.89%	15.94%
资产净利率	11.436 3%	12.660 7%	11.443 7%	8.663 5%
权益乘数	1.785 7	1.694 9	1.694 9	1.818 2
销售净利率	10.683 8%	10.645 7%	7.651 1%	11.478 3%
总资产周转率	1.162	1.246 8	1.460 1	1.298 4

1. A 公司权益净利率的解读

A 公司的权益净利率从 2018 年到 2021 年 10 月 31 日基本呈增长趋势，这表明企业为股东创造利润的能力一直在增强。

下面我们选用 2019 年与 2020 年的指标进行比较，来分析一下 A 公司权益净利率增长的原因。

$$权益净利率 = 权益乘数 \times 资产净利率$$

2019 年 $18.89\% = 1.694\,9 \times 11.443\,7\%$

2020 年 $21.54\% = 1.694\,9 \times 12.660\,7\%$

变动比率   2.65%   0%   1.217%

从上面的分析可知，A 公司权益净利率增加 2.65% 的主要原因是，其资产净利率增加了 1.217%。

2. A 公司资产净利率的解读

我们选用 2019 年与 2020 年的资产净利率进行比较，来分析一下 A 公司资产净利率增长的原因。

$$资产净利率 = 销售净利率 \times 总资产周转率$$

2019 年 $11.443\,7\% = 7.651\,1\% \times 1.460\,1$

2020 年 $12.660\,7\% = 10.645\,7\% \times 1.246\,8$

变动率   1.217%   2.994 6%   −0.213 3

A 公司 2020 年资产净利率比 2019 年增加了 1.217%，原因是销售净利率增加了 2.994 6%，总资产周转率降低了 0.213 3。

3. A 公司销售净利率的解读

A 公司的销售净利率的情况，如表 8-2 所示。

表 8-2　A 公司的销售净利率分析

	2021 年	2020 年	2019 年	2018 年
销售毛利率	36.86%	34.15%	28.98%	30.60%
销售净利率	10.683 8%	10.645 7%	7.651 1%	11.478 3%
经营费用（万元）	26,872.07	19,039.28	19,114.57	17,230.29
管理费用（万元）	3,752.91	4,781.19	6,924.74	4,290.48
财务费用（万元）	−262.41	−125.10	756.67	1,235.20
三项费用增长率	44.63%	−11.57%	17.75%	−0.36%

根据表 8-2 可知，A 公司 2020 年的销售净利率比 2019 年的增加了 2.994 6% 的原因是，其销售毛利率增加了 5.17%。经营、管理和财务这三项费用的增长率为 −11.57%，这表明 A 公司无论是生产成本还是期间费用控制得都非常好。

杜邦分析体系运用之 B 公司

我们用杜邦分析体系对 B 公司的财务指标进行分析，如表 8-3 所示。

表 8-3　B 公司的杜邦分析表

	2021 年	2020 年	2019 年	2018 年
权益净利率	−7.48%	−4.03%	3.80%	13.65%
资产净利率	−3.165 2%	−1.582 6%	3.010 4%	9.536 4%

（续表）

	2021 年	2020 年	2019 年	2018 年
权益乘数	1.886 8	1.684 9	1.388 9	1.273 9
销售净利率	−12.480 4%	−5.357 4%	10.596 7%	6.923 4%
总资产周转率	0.257 7	0.318 8	0.302 2	0.408 3

1. B 公司权益净利率的解读

B 公司的权益净利率从 2018 年到 2021 年 10 月 31 日一直在降低，这表明企业为股东创造利润的能力一直在下降。

我们选用 2019 年与 2020 年的权益净利率进行比较，来分析一下 B 公司权益净利率降低的原因。

权益净利率 = 权益乘数 × 资产净利率

2019 年　　　 3.80% = 1.388 9 × 3.010 4%

2020 年　　 −4.03% = 1.684 9 × −1.582 6%

变动比率　 −7.83%　　 0.296　　 −4.593%

从上面的分析可知，B 公司权益净利率降低 7.83% 的原因是资产净利率降低了 4.593%，权益乘数增加了 0.296。

B 公司的资产已经没有创造利润的能力了，因为其 2020 年的资产净利率已经是负数，而此时企业负债却在增加，所以企业存在的财务风险和经营风险都比较大。

2. B 公司资产净利率的解读

我们选用 2019 年与 2020 年的资产净利率进行比较，来分析一下 B 公司资产净利率降低的原因。

资产净利率 = 销售净利率 × 总资产周转率

2019 年	3.010 4% =	10.596 7% ×	0.302 2
2020 年	−1.582 6% =	−5.357 4% ×	0.318 8
变动率	−4.593%	−15.954 1%	0.016 6

B 公司 2020 年的资产净利率比 2019 年的降低了 4.593%，原因是其销售净利率降低了 15.954 1%，总资产周转率增加了 0.016 6。

B 公司营业利润已经出现了负数，这意味着企业销售出去的产品根本就不赚钱，并且总资产周转率一直在增大，资产的运行效率一直在降低。所以，资产净利率才会出现负数。

3. B 公司销售净利率的解读

B 公司销售净利率的情况，如表 8-4 所示。

表 8-4　B 公司的销售净利率分析

	2021 年	2020 年	2019 年	2018 年
销售毛利率	21.97%	25.80%	21.94%	19.39%
销售净利率	−12.480 4%	−5.357 4%	10.596 7%	6.923 4%
经营费用（万元）	907.08	973.88	1,005.32	994.31
管理费用（万元）	2,838.63	3,885.60	3,313.37	3,802.82

（续表）

	2021 年	2020 年	2019 年	2018 年
财务费用（万元）	709.57	724.08	473.19	447.22
三项费用增长率	11.68%	16.52%	−8.63%	−16.76%

从 2018 年到 2021 年 10 月 31 日，B 公司的销售净利率除了 2019 年有所增长外，其他时候都是下降的，主要原因是其销售毛利率太低（最高时只有 25.80%），经营、管理和财务这三项费用的增长率又太高。所以，B 公司的利润很低。

对于 B 公司来说，应该严格控制生产成本，提高销售毛利率，并尽量降低三项费用，否则很难实现实质的盈利。

报表中的管理问题——杜邦之道

无论是投资者，还是管理者，都希望企业盈利。企业盈利的原因和不盈利的原因一样，都在管理中，在实践中。所以，不要只看报表上面的数据，还要认真分析这些数据是怎么来的，说明了什么问题，如何改善以后的管理。

1. 权益净利率的管理之道

从企业的角度分析，我们分析的是企业为股东创造收益的能力，如果权益净利率为 10%，那表示，股东投资 1 元钱，就有

0.1 元的股息回报。

从股东的角度分析，我们要看的是股东对企业要求的最低回报是多少。前面我和大家讲过股权成本，股东的钱也是有成本的，也不是白拿的。股权成本可以说是企业权益净利率的最低要求。如果企业的权益净利率不能高于股权成本，就表明企业并没有为股东创造财富。所以，企业可以用股权成本作为衡量权益净利率高低的标准。

2. 资产净利率的管理之道

站在企业的角度，我们需要分析的是资产获取收益的能力。如果资产净利率为 15%，那么，企业每 1 元的资产，能获取 0.15元的利润。

站在股东的角度，我们不能只看资产净利率。因为资产总额中有股东的钱，有债权人的钱，资产净利率可以反映企业整体的获利能力，但不能反映股东投资的获利水平。

例如，同样是 10 亿元的资产，A 企业的净资产收益率为15%，B 企业的净资产收益率为 20%，那么，B 企业的整体获利能力较强。但至于这 10 亿元是否都是股东的钱，就是另外一回事了。

3. 权益乘数的管理之道

权益乘数是衡量企业财务风险的主要指标，如果企业债务资金比较多，权益乘数就大，企业财务风险就高。

权益乘数是一把双刃剑，一方面它能为企业获利起到积极的影响，另一方面它也为企业的倒闭起到推波助澜的作用，因为企业破产的直接原因是不能偿还到期债务。

债权人的钱，就是债权人的钱，拿了人家的钱，必须要还。企业一定要在自身可以承受的范围内适度负债，最好设置负债警戒线。

4. 销售净利率的管理之道

销售净利率的高低，一方面是算出来的，另一方面是做出来的。

怎么讲？

如果企业对销量净利率没有一个正确的预期和估计，那么产品一定很难赚钱。我们在销售任何一件产品前，一定要算好毛利有多少，净利有多少。

有句话叫"买的不如卖的精"。"精"，我们要问问自己"精"在哪里，客户不是傻瓜，货比三家后，他们才会进行购买。所以，卖家在卖前，先把账算好，既能为自己赢得生意，又能获取适当的利润。

算的毕竟是算的，没有实实在在的业绩，如何把算的变成实际的才是关键。企业应该设定目标销售净利率，并把其作为考核指标，并进行逐层分解和落实。